2013 年获国家社会科学基金项目立项：陶铸民本思想及其实践效应研究(课题编号：13BDJ019)

国家社科基金丛书
GUOJIA SHEKE JIJIN CONGSHU

陶铸民本观
及其实践效应研究

Study on Tao Zhu's Viewpoint of the Thought
of People First and Its Practical Effect

吴海文 著

人民出版社

目　　录

序　一

在中华民族五千多年的文明史中,产生了丰富多彩而又博大精深的民族文化,这份珍贵遗产,以其凝聚了深邃的人类智慧和厚重的人文精神一直被人们关注。传承发展中华优秀传统文化,就要大力弘扬讲仁爱、重民本、守诚信、崇正义、尚和合、求大同等核心思想理念,它可以为人们认识和改造世界提供有益启迪,可以为治国理政提供有益借鉴。

民本思想是中国历史上具有进步性的政治思想,是中国传统文化中极其重要的思想资源,发端于商周交替之时。古代民本思想经历了从重天敬鬼到敬德保民、再从重民轻天到民贵君轻的发展历程。孟子的"民为贵,社稷次之,君为轻",就是仁政思想,以民为国本。它与当下以习近平同志为核心的党中央坚持以人民为中心的发展思想,是一脉相承下来的。

陶铸在少年时期,即从他的父亲——一位老同盟会会员那里继承了民本观,并终其一生始终将人民放在心中首要位置。无论在新民主主义革命还是社会主义革命和建设中,他始终坚持全心全意为人民服务的宗旨,以人民利益为重,赢得了广大干部、群众的敬仰和爱戴。

陶铸民本观的内涵主要体现在如下几方面:改善民生是目标;土地问题是中心;调查研究是基础;济世救民是主题;体察民情是初心。通俗地说,陶铸的民本观就是人民第一。

湖南科技学院马克思主义学院的吴海文同志于 2013 年申报了国家社科

基金项目"陶铸民本思想及其实践效应研究"并获立项,他曾请教于我关于该课题研究的重点、难点以及突破之点,我给他寄了一些资料并谈了自己的看法,我对他的人品、治学态度了解颇多。多年来,海文同志在搞好教学工作的同时,潜心钻研有关陶铸民本观的文献,写出了一些有独到见解的学术论文,取得了一定的成果,基金项目也顺利结项了。现在,他对结项成果做了认真的修改,并交付人民出版社审核、出版,这是一件很值得鼓励和肯定的事情。

在认真阅读了他的书稿之后,觉得这本书在前人研究的基础上,对陶铸民本观形成的时代背景、理论渊源、发展历程、丰富内涵及其理论特质等,进行了系统的分析和提炼,其中提出了不少前人未发或有待补充完善的观点,具有一定的学术价值。譬如,第一,该书运用马克思主义基本理论对陶铸民本观进行系统的梳理,揭示其顺应历史进程的逻辑发展,力求深入"党史的深度处",分析陶铸民本观和新民主主义革命、社会主义革命和建设的发展阶段相适应的特质及其发展趋势;第二,该书从历史观的高度,比较中肯地分析了陶铸民本观具有的特点和影响;第三,该书力求从人民性、现实性、实践性以及陶铸的个性品格等方面阐述陶铸民本观的理论品质,发掘其人文内蕴和当代价值;等等。所有这些,无疑有利于人们加深、拓宽对陶铸民本观的本质的全面认识,更加理性、自觉地吸收陶铸民本观的合理成分。

当然,陶铸对民本问题的探索受主客观条件的限制,也出现了一些失误,但由于他具有自我批评和勇于担责的精神,仍赢得了人民群众的信赖与崇敬。

吴海文同志的这部学术著作,为社会科学研究做了一件极其有意义的工作。当然,该书也存在不足之处,敬请各位专家、读者朋友批评指正,我想,这也是作者的愿望。

本书出版在即,谨以数语为序。

刘棣辉

2024 年 4 月 19 日于北京

序　二

　　民本思想主要有尊重民意、重视人民地位,以及安民、保民、养民、教民等涵义。最早可追溯到《尚书》之"民惟邦本,本固邦宁"[1]一语。因此,"民本"是中国固有的"民惟邦本"等思想命题的缩写。[2] 在中国古代民本思想中,"民"指什么呢? "民"并不是一个阶级范畴,而是一个依照政治地位划分的社会等级概念。那些豪强大姓,富商巨贾,只要没有获得政治功名,仍然归于庶民。[3] 在中国古代"本"思维中,"本"最基本的含义就是指事物的本源、本体、基础或重要部分。"民本"就是指民众是国家的基础。[4] 在夏勇看来,民本是一个关于价值法则和政治法则的判断,也是一个关于人民的主体资格的判断,还是一个关于政治合法性的判断。在价值法则方面,民本与人本是相通的,它们都把尊生爱人、保民养民作为最高的价值,把是否有利于人民的利益作为最终的判断标准。在政治法则方面,民本与人民主权相通,它们都确认人民的主体地位,把人民答应不答应、同意不同意作为判断国家治理的政治标准。符合

---

　　① 《尚书·五子之歌》(诸子集成本),上海书店 1986 年版,第 23 页。
　　② 张分田、张鸿:《中国古代"民本"思想内涵与外延刍议》,《西北大学学报》(哲学社会科学版)2005 年第 1 期。
　　③ 刘泽华:《中国传统政治哲学与社会整合》,中国社会科学出版社 2000 年版,第 197 页。
　　④ 张分田、张鸿:《中国古代"民本"思想内涵与外延刍议》,《西北大学学报》(哲学社会科学版)2005 年第 1 期。

这样的价值法则和政治法则,统治才具有合法性。①

　　民本思想萌芽于殷商时代,初步形成于西周,春秋战国时期建立了民本论的基本理论框架,秦汉之后,民本思想成为全社会的共识,一直存在于中国古代与近现代社会之中。民本思想贯穿于历代统治者的治民之策当中,统治者都非常重视。民本思想也是学术界根据统治者的治民之策归纳总结出来的,它也是客观存在的。民本思想的重要特征之一是统治者认识到民众在国家中的地位,从而重视民生,顺应民意,促使统治者改善君与民的关系,保持国家暂时的稳定。统治者懂得"民水君舟"的道理,也懂得"得民心者得天下"的道理。

　　传统民本思想就像一根中轴线,历代统治者的治国之策都围绕这根中轴线波动。当统治阶级的施民之策接近这根中轴线时,社会阶级矛盾得到缓和,社会生产得到发展,人们的创造力得到发挥,有利于社会的稳定和繁荣。当统治者的治民之策离这根中轴线较远时,社会矛盾激化,生产停滞不前,人民生活恶化,民众就群起而攻之,封建政权随之灭亡。新的统治者就开始吸取前朝衰亡的教训,调整自己的统治策略,将施治之策调节到这根中轴线上来,社会又发展进步。由此可见,执政的规律是客观存在的。中国传统民本思想既有精华也有糟粕之处,积极作用是治国安邦的稳定器,促使统治者调整自己的统治策略,安定人心,保持稳定,从而发展经济,推动社会的发展;而消极作用则是消弭了民众的斗争意志,强化人治而轻视法治,民众的法治意识不强,强化重农抑商的政策,从而抑制了商品经济的发展。

　　陶铸是杰出的无产阶级革命家之一,是党和国家卓越的领导人,他在中国新民主主义革命、社会主义革命和建设中,运用马克思列宁主义、毛泽东思想的基本原理解决了人民最关心、最迫切的问题,他说:"不关心群众生活的党员就不是好党员。"作为党的重要的领导干部,他坚持下乡调查研究,与群众

---

　　① 夏勇:《中国民权哲学》,生活·读书·新知三联书店2004年版,第7—8页。

同吃、同住、同劳动。他不喜欢坐在办公室听取汇报和查看材料,而是在下乡调研中解决问题,并诙谐地称之为"移动的办公室"。长期的革命工作形成了陶铸的民本观。首先,陶铸民本观具有丰富的哲学思想,如看问题要"兼听则明"、用九个指头和一个指头来看待一个人的成绩和缺点、不断革命论和革命发展阶段论相结合等。在深入人民群众中开展调查研究时,他提出的上述观点体现了辩证唯物主义和历史唯物主义哲学观。其次,陶铸民本观体现了深厚的济民、恤民情怀:济世救民心切;人民利益至上;为民服务真心。其践行安民、富民的民本观,主要表现为:食为民天,重视生产;止于至善,亲民为上;以身奉民,民则就之。再次,陶铸民本观体现了深厚的保民、重民特征:民生倾向的情感;养民、恤民的动力;勤政爱民的操守。最后,陶铸民本观明显受到马克思主义经典作家的影响和中国传统文化的熏陶。当然最主要是受到毛泽东、周恩来、邓小平民本思想的影响。此外,研究陶铸的民本观要运用辩证唯物主义和历史唯物主义的方法,将他所处的历史时代和当时的社会实践作为时代背景,采用调查研究、查找资料和人物访谈等方法,对陶铸民本观进行梳理,作出符合客观事实的评述。

陶铸的民本观与其先祖的德政爱民思想有着深厚的渊源,他深切的民本情怀与其个性品格亦有密切关系。他具有如下个性品格:坚强如钢的个人意志,雷厉风行的个人作风,正直惠民的个人品格,热情似火的工作情怀,勇于担当的个人气魄。正因为这样,陶铸爱民、养民、恤民的民本观始终是坚定不移、一以贯之的。陶铸这种深入实际,深入群众,解决群众最关心问题的工作方法是最切合实际的,也是最有成效的。抚今追昔,缅怀先贤,所有这些对于新时代加强党的自身建设特别是作风建设都具有一定的理论和实践意义。

陶铸是人不是神,在广东工作时虽然也犯了"反地方主义"扩大化的错误,但是这些错误与当时全国的形势与任务是有一定联系的。他是从推动工作的大局出发而不是出于个人恩怨。一旦发现自己错了,他总会在不同场合表达承担责任、改正错误的决心和勇气。

由于陶铸民本观散落在一些回忆录或陶铸故事等书籍中,没有一本现成的学术著作可供参考,研究起来有一定难度。笔者前往陶铸的出生地湖南省祁阳县,实地考察了陶铸故居、陶铸纪念馆,目睹了陶铸的遗物、遗著、遗作。经过较长时间的外出调研、搜集资料,积累了一些珍贵的研究资料,其中有些属于稀世档案,有些是族谱,有些是亲历者的回忆。笔者还拜访了陶铸的女儿陶斯亮女士,向她请教了课题研究的思路和急需突破的重点和难点。

研究陶铸的民本观对于全面研究陶铸的思想仅仅是开始,我们将沿着已有的方法和路径继续研究下去,这也许是学术研究的魅力所在,也是一种乐趣。

吴海文

2024 年 3 月 3 日

第一章　陶铸民本观形成的时代背景与理论渊源

任何一种有价值的理论成果都不是凭空臆造的,而是在借鉴前人理论研究成果的基础上,在特定历史条件下,要解决实际问题,结合个人的人生经历形成与发展起来的。陶铸民本观是针对当时中国社会面临的问题,经过深刻而系统的理论思考形成与发展的,这既与他面临特定问题的时代背景有关,也与他学习和借鉴科学理论的环境与途径有关。因此,对陶铸民本观形成的时代背景与理论渊源的探讨,是系统研究陶铸民本观的前提。不过,在深入探讨这一重要学术问题之前,必须首先弄清楚"民本"概念的准确含义。

第一节　"民本"释义

任何具有客观属性的学术研究都必须首先界定研究对象。唯有正确地界定对象,才能客观审视,宏观把握,深入考察,全面认识,准确定性。因此,深化陶铸民本观研究的第一项工作是审视"民本"的定义,对这个概念的内涵与外延做出更准确、更全面的界定。

"民本"就是把民众作为国家的根本,它包含着"立君为民""民为国本"

和"政在养民"①这三层最基本的意思。在中国政治思想史上,民本思想源远流长,起源于殷周之际,确立于春秋战国时期,在汉唐时期有了进一步的发展,在宋元明清之际臻于完善,到了近代,则处于开放时期。从民本思想形成和发展的逻辑来看,它是统治阶级用于治国平天下的指导思想和意识形态,在中国封建社会起到极其重要的作用。在漫长的封建社会里,迫于当时的社会形势和统治阶级维护封建统治的需要,不管是封建地主阶级的进步派还是保守派,都主张"本固邦宁",民本思想逐渐成为中国传统政治思想的一个重要组成部分,在社会历史的长河中几经沉浮而依然在中国社会的发展中起着极其独特的作用。以民为重在今天赋予新的时代意义,要更加重视人民群众的根本利益,对于中国特色社会主义现代化国家的建设具有重要的理论和现实意义。

在中国古代的历史文献中,没有"民本"这个概念,虽然"民""本"连写的例子在一些上下文中可以看到,但这些行文中的"民本"与我们今天所讲的"民本"的意思是不尽相同的。以前的"民本",上下文连写实际上分别指的是社会下层的民众和强调事物的重要性,直到近代梁启超在他的著作《先秦政治思想史》中首次提出了"民本主义"这个概念以后,"民本"这个词才被广泛使用。在现代学术界,"民本思想"主要指的是与中国古代提倡的"重民""贵民""以民为本"等思想命题相关的一套政治思想的概括。

一、民本之"民"释义

中国古代的民本思想中,"民"具体指的是什么呢?"民"在先秦文献中提到的地方很多,尽管对"民"早先的身份地位学术界迄今尚有不同理解,但"民"在先秦时代是城邦国家的被统治阶级,也是当时社会的主要劳动者这一点是共通的。刘泽华认为"民"是一个历史范畴:"'民'并不是一个阶级概念,

---

① 张分田、张鸿:《中国古代"民本思想"内涵与外延刍议》,《西北大学学报》(哲学社会科学版)2005年第1期。

而是一个依据政治地位划分社会等级的概念。"①在战国以后的文献中，"民"
一般泛指君、臣（官僚）、民三大社会等级中处于最下层的那一部分人。封建
法典认为，"民"又可以分成良、贱两种，其中良人包括平民地主和自耕农，而
那些豪强大姓、富商巨贾，在没有获取政治功名前，等同庶民，如果横行乡里，
富甲一方，可把他们称为贱民。

当"民"指天下所有人的时候，可根据他们所从事的事业分为若干种类，
如《谷梁传·成公元年》说："古者有四民，有士民，有商民，有农民，有工民。"
在这里，农民只是民的一个部分。但在有些情况下，民与农是相对而言的。如
《汉书·食货志》中记载有李悝的话："籴甚贵伤民，甚贱伤农。民伤则离散，
农伤则国贫。"这里的"民"，就特指居住在城市从事工商业或其他事业的人，
"农"则专指居住在城外专门从事农业生产的农民。其实，农民一直是中国历
史上民的主体，所以，民本思想家所说的民本中的"民"，其着眼点首先是四民
之中占绝对多数的农民。

考察"民"的发展历程，综合学者提出的关于"民"的各种观点，可以分两
个层次来理解中国古代民本思想中所说的"民"的含义：第一个层次，是从广
义上来说的民，即指所有不具备官方身份的人；第二个层次，是从狭义上来讲
的民，主要指广大的农民。所以，中国古代的"民"是一个与"官府"和"君主"
相对的政治性概念，具有三个方面的特性。

第一，"民"是个整体性的概念。民本思想中所指的"民"是一个集体概
念，而不是一个个体概念。在古代，当思想家提到"民"的概念的时候，往往把
"民"理解为一个整体的存在，表达"民"的符号很多，如称为"黎民""众民"
"万民""庶民"等。

第二，"民"是个阶级性的概念。在中国古代的民本思想中，"民"往往是
"愚氓"的同义语。在中国古代典籍中，民与氓、甿、萌、冥在词义上是相通的。

---

① 刘泽华：《王权思想论》，天津人民出版社 2006 年版，第 103 页。

《诗经·卫风·氓》说"氓之蚩蚩,抱布贸丝",《毛传》解释说:"氓,民也。蚩蚩者,敦厚之貌。"既然民众是没有智慧的愚氓,那么,站在民众这群愚氓对面的,就是圣人、君子和贤人了。

第三,"民"是个等级性的概念。中国封建社会等级森严,广大的民众即劳动者处于被压迫、被剥削的地位,处于社会的最底层。孟子区分了"民"与其他等级的关系:"无君子莫治野人,无野人莫养君子。"①孟子所说的"君子""野人"就是社会生活中的统治者和被统治者。从这里可以看出,尽管孟子曾经提出"民贵君轻",但他并无意改变现实生活中处于被统治地位的民众的处境。

二、民本之"本"释义

用"本"字来强调某个问题的重要性是我国古代思想家的独特习惯和阐释方式,其中一个比较典型的例子就是"民惟邦本"论。古时"本"字的最初意思指的是树的躯干、木头的根。《说文·木部》这样解释"本":"本,木下曰本,从木,一在其下。"这里所说的"本",是树的根株,在树下面的。

在初始、根本、基干的意义上,我国古代的一些思想家用"本"来比作社会、人生、自然中各种具有类似属性的事物。《春秋繁露·立元神》指出:"天、地、人,万物之本也。"人以自己的身体为本,家以自己的宗族为本,而每个国家也有自己的"本"。古代思想家常常把国家政治生活中举足轻重的事物用"国本""政本""治本"之类的词语来论说,比如所谓"民为国本""君为政本""礼为治本"等表述。

因此,"本"字最基本的含义是指事物的本源、主体、基础或重要部分等。由此可知,这里所讲的"民本",实际上指的是国家有人民,就像树木有根、木头有躯干,民众作为根基,躯干自然就成为国家发展的重要基础。所以,封建

---

① 《孟子·滕文公上》,《十三经》全文标点本(下),燕山出版社1991年版,第2191页。

统治者要保持统治的长久,必须重视民生,"顺天立本"。

综上所述,"民本"实际上包含两层意思:第一,民众是国家的根本、君主的根本,这里主要指民众对于国家和君主的重要性;第二,国家和君主都应该做到以民为本,这里主要阐述的是国家和君主的一种义务。本书中的"民本",主要是在这两重含义上使用的一个概念。

三、民本思想的内涵

从根本上讲,民本思想实际上是以对民众在社会发展中的基础地位的清醒认识为前提,通过限制和软化专制暴政,重视民意、民生,珍惜与利用民力等手段和措施,来维护封建专制政治的正常运转,巩固专制统治秩序的治国方略和执政理念。学术界对民本思想的内涵有不同的表述方式,笔者比较认同中国政治思想史专家张分田先生对民本思想概念的界定,即一个核心理念"以民为本",三个基本思路"立君为民""民为国本"和"政在养民"[①]。笔者看来,民本思想在"以民为本"的核心理念下实际上包含着三个方面的基本内涵。

第一,民为国本,体现了统治者对人民地位的清醒认识,即"天下非一人之天下也,天下人(即人民)之天下也"[②]。这种以人民为国家主体的观念,是儒家民本思想的基调。

第二,立君为民,体现了统治者对与人民契约关系的客观认识。统治者与人民之间实际上是一种双边的契约关系,两者各有责任和义务。统治者如果能以天下百姓为重,施政时充分地考虑人民的利益,那么他就是尽职的。作为人民,也必须纳税、守法,才无愧于人民的职责。钱穆在他的《中国文化与传统政治思想》中提出君职、民职的划分,在学界具有一定的代表性。

第三,政在养民,体现了统治者对社会发展规律的深刻理解。民本思想把

①　张分田、张鸿:《中国古代"民本思想"内涵与外延刍议》,《西北大学学报》(哲学社会科学版)2005年第1期。

②　《吕氏春秋·贵公》,《吕氏春秋》,中国文史出版社2003年版,第6页。

人民作为最高的价值性的存在,保障人民的生存,实行"养民、富民"的政策,使人民生活富足,安居乐业,这是统治者最大的职责。《康诰》中反复讲"用保父民""用康保民""惟民其康乂"。"保"则是"养"的意思,"保民"即"养民"。

四、民本思想的发展

民本思想的发展经历了曲折的历程,大致可分为六个时期,笔者将其归纳为胚胎萌发、形成确立、实践发展、停滞发展、发展完善和开放融合时期。

(一)胚胎萌发:质朴、自然、原生和零散的民本思想

上古到夏商周三代时期,是传统民本思想的雏形时期,它开始产生并不断向前发展。中国传统民本思想的萌芽,表现在部落首领在对社会的尽职精神和责任感中,从远古时代的神话传说中即可看出,像神农尝百草、有巢造屋等。后来从美好的神话传说向民本思想的转化,主要体现在人们关于三皇五帝的功业记载中。大禹治理水灾,三过家门而不入,一心为民,受到民众的爱戴和拥护。到了夏商周三代时期,"惟德善政,政在养民"①等民本警句在《诗经》《尚书》等文献中都体现了出来。殷商时期不仅重神,也提出了重民保民思想。两周政治家周公鉴于商朝灭亡的历史教训,认识到民众的政治作用,提出了保民的思想。

(二)形成确立:升华和理论概括的民本思想

进入春秋时期,随着激烈的社会变动,社会动荡不断加剧,民众的力量得到充分的体现,在社会政权的更替中民众的作用也日益显露出来,他们的地位越来越引起更多的注意,因此这个时代的重要课题便是如何看待民众的地位与作用。民本思想开始汇成一股向前奔腾的思想潮流,对于社会的发展发挥

---

① 《尚书·大禹谟》,《十三经》全文标点本(上),燕山出版社1991年版,第104页。

着越来越重要的作用,很多典籍论著里都论述了以民为本的思想,逐步形成了孔子"仁"的哲学和孟子"性善说"等民本理论思想,为民本思想的进一步发展奠定了比较深厚的理论根基。

（三）实践发展:进一步得到完善且在实际中不断实践的民本思想

到了汉唐时期,中国传统民本思想有了进一步发展,并且在实际中得到了贯彻,产生了比较好的效果,"文景之治"和"贞观之治"与统治者推行民本的策略是分不开的。曹参和贾谊是西汉较有代表性的民本思想家,《史记》记载,"孝惠帝元年,除诸侯相国法,更以参为齐丞相。其治要用黄老之术,故相齐九年,齐国安集,大称贤相"。由此看出,曹参是汉朝初期民本思想的真正践行者。贾谊总结秦灭亡的经验教训,为巩固汉朝的统治,提出了系统而完善的民本理论。他说:"闻之于政也,民亡(无)不为本也。国以为本,君以为本,吏以为本。"①在贾谊看来,统治者与民众是唇亡齿寒、息息相关的,所以统治者必须以民为本,民心向背决定着国家兴亡。东汉前期,民本思想对君主行为的监督与制约作用重新得到体现。光武帝刘秀将民本思想作为施政的主要指导思想,具体体现在他曾六次解放奴婢,以及安置流民和赈济贫民等措施上。唐朝吸取了隋朝覆亡的历史教训,做出了深刻反省,民本思想得到进一步发扬光大。统治集团把治理民众、安定民生作为第一要务,主张帝王要重民、畏民,对"国以为本"的政治思想做了进一步发扬。唐代魏徵主张君主的重要任务是治理民众、安定民生,乐民所乐、忧民之忧。

（四）停滞发展:理性、内化中的民本思想

民本思想发展到宋元时代,逐步进入内化的阶段。所谓内化,即民本思想

---

① 《新书·大政上》,(西汉)贾谊撰;《贾谊集》,岳麓书社2010年版,第100页。

进入了统治阶级的内心深处,大多数统治者充分认识到以民为本的重要性。无论是宋元时代的君臣,还是普通文人的心中,都牢固地树立了民本思想,并且将民本思想推向了更为理性的时期。所以,这段时间的民本思想发展虽然看起来似乎处于停滞发展的阶段,但是实际上它是理性、内化中的重要时期,也为明清时期民本思想的发展完善作了良好的铺垫。

（五）发展完善:理论上得到了进一步深化的民本思想

进入明清时期,民本思想的发展表现出与过去有所不同的特点:一是明代开国皇帝朱元璋的倡导,他一方面禁止民本思想中对皇权具有挑战性的思想;另一方面亲自实施民本思想中温和的爱民、重民思想,使民本思想在实践中得到了很好的贯彻。二是明末清初民本思想不但反对坏皇帝,而且也反对好皇帝,不仅讲民享,而且讲民权。三是由于康乾时期采取了富有民本精神的治理措施,使民众的生活水平有了很大的提高,加之很多知识分子通过科举进入上层社会,民本思想处于发展完善时期。

（六）开放融合:逐渐融入西方民主思想的民本思想

到了近代,西方列强用坚船利炮打开了中国的大门,民本思想也进入了开放的阶段。这个时期,一些先进的政治家和思想家由于受到西方先进科技、社会科学的影响,在讨论民本思想时,有了很多新的内容。林则徐"用民心、恃民力"的民本思想,在禁烟运动和鸦片战争中充分地体现了出来。龚自珍是鸦片战争期间地主阶级改革派的主要代表,他的民本思想主要体现在反对专制的批判言论中,魏源的民本思想主要体现在"师夷制夷,卫国保民"。鸦片战争后,中国的士大夫们充分认识到西方科技的先进,认识到必须向西方学习先进的科技,才能改变落后的状况。康有为、梁启超等维新派代表人物又要求学习西方先进的体制,来改良中国的封建专制局面。康有为的民本思想体现在他的《大同书》里所包含的"大同世界、人人平等"的思想。

孙中山带领资产阶级革命派推翻清朝专制,缔造民主共和国,开创了以"民"为本的中华民国时代。他提出的以"民"为本的"三民主义",既是西方民主的中国化,也是中国民本思想的现代化。孙中山认为我们国家治世的精髓、先哲的遗业是共和主义,而人民自治则是我国政治的极则。他在吸收西方和日本民主思想的基础上,不仅把中国传统的民本思想用于国家学说和治国的实践,而且也用于革命实践,可谓把古老的东方民本思想发展到了最高峰,同时把它作为革命和建国的最终目标,这是对中国民族精神和传统文化的卓越贡献。中国共产党继承和发展了孙中山的革命事业,在大力提倡执政为民、弘扬中华民族精神的今天,无疑具有十分重要的现实和理论意义。

第二节　陶铸民本观形成的时代背景

陶铸最先接触的是马克思主义人学理论。马克思主义人学是研究人的哲学,研究的对象是现实的人,关注人的自我塑造与人的全面发展。在人的自我塑造与自我生成过程中,理想信念起着非常重要的作用,然而,起决定作用的又是人的社会实践活动。而这也展现着马克思主义人学理论始终贯穿着陶铸民本观的始终。陶铸接受马克思主义在社会实践中总结出的人学理论,认可马克思主义关于人的全面发展理论,并由此对民本观在现代社会有较深入的理论思考。陶铸所处的时代是一个急需马克思主义理论作指导的时代,急需将马克思主义理论的学习与中国的革命实践相结合,从而产生出指导中国革命的理论。所以,要探索陶铸的民本观,就要从陶铸民本观形成的国际、国内背景,理论形成的相互关联及其发展规律进行探索。

一、世界无产阶级革命的主题

1917 年俄国十月革命的胜利,给全世界无产阶级和劳动群众对世界的认识以全新的眼光和洞察力。"十月革命以最彻底的形式表现了不论在全世界,还是在俄国的条件下社会进步的根本方向,开创了新的、不同于西方各国的东方类型的工业文明的变种。"①就社会政治变革而言,十月革命具有世界意义,它"非独俄罗斯人心变动之显兆,实二十世纪全世界人类普遍心理变动之显兆",是"世界的新文明之曙光"。② 十月革命的胜利在世界政治舞台上发生了翻天覆地的变化,具有里程碑式的世界意义,是具有世界意义的无产阶级登上历史舞台的新时代。换句话说,"第一次帝国主义世界大战和第一次胜利的社会主义十月革命,改变了整个世界历史的方向,划分了整个世界历史的时代",③指明了无产阶级登上世界政治舞台的光明前程。全世界无产阶级和广大劳苦大众为争取无产阶级的解放事业而不懈奋斗,最终能取得革命的胜利,这就给他们以极大的鼓励和勇气。在这一由无产阶级登上政治舞台展示无产阶级革命力量的世界背景下,中国由资产阶级领导的旧民主主义革命向由无产阶级领导的新民主主义革命转变。

俄国十月革命后无产阶级登上历史舞台,这一胜利的消息传遍全世界,全世界无产阶级为之感到非常振奋。十月革命爆发后的第三天,中国很有影响力的报纸《民国日报》报道了"彼得格勒戍军与劳动社会已推倒克伦斯基政府"的消息。④ 中国人知道,俄国工人阶级通过暴力革命,建立了由无产阶级领导的社会主义制度,并对俄国十月革命表现出了极大的关注。尤其重要的是,许许多多的知识分子对自己祖国的命运十分关心,从俄国十月革命中受到了启发。

陶铸自从其父亲和叔叔被北洋军阀和当地土豪劣绅逮捕杀害后,先是要报父仇,后来懂得家仇国恨是交织在一起的,要报家仇,必须要推翻北洋军阀

① [苏]A.M.科瓦廖夫:《社会主义:理想与现实》,潘培新译,《国外社会科学》1991年第4期。

② 《李大钊文集》第二卷,人民出版社1999年版,第219页。

③ 《毛泽东选集》第二卷,人民出版社1991年版,第667页。

④ 转引自彭明:《从空想到科学——中国社会主义思想发展的历史考察》,中国人民大学出版社1991年版,第260—261页。

统治。1925 年,17 岁的陶铸在武汉开始接触各种新思潮,阅读进步书刊,并时常到中华大学旁听有关时局问题的辩论,对革命来源地的广东十分向往,渴望去广州进黄埔军校,投身大革命的洪流。他知道了十月革命的胜利,渴望探求马克思列宁主义的革命救国之路,并在革命过程中不断深化着对马克思列宁主义革命理论的认识。

二、近代中国向何处去的追问

在中国历史上,19 世纪末至 20 世纪初是中国社会异常混乱的时代,列强入侵,国内新旧军阀混战,民不聊生,社会危机和民族危机空前加剧,中国社会处于内外交困的局面,一些有志青年不甘于做亡国奴,在忧国忧民的困境中奋力前行,"中国向何处去"一直成为他们努力探求的问题。

(一) 陶铸探索救国救民之道的家庭背景

1908 年 1 月 16 日,陶铸生于湖南省祁阳县(今祁阳市,下同)石洞源陶家湾下院子的一个乡村知识分子家庭。据《陶氏族谱》记载:"我族自明初浙江举人陶以山公摄祁篆以来,迄今已历六百余年。"可知陶氏先祖于明初由浙入湘,出任祁阳县令,遂家居焉,此后子孙繁衍,耕读传家,历史悠久。此外,该族谱中还记述了许多端方正直之士,其为人洁清自好,纷华不能抚其心,威武不能屈其志,为后人楷模。譬如,陶岳廉洁自守;陶弼课民植木浚渠,好士乐施;陶谏拾金不昧,扬善惩恶;陶日赞诚品立行。

陶家原是大户人家,陶铸曾祖父陶观忠兄弟二人分家时,还有祖传田产30 多亩,几片杉树山,家中还在陶家湾所在的潘家埠开了一家药铺。可惜的是,陶铸曾祖父胸无大志,又拙于经营,短短几年就把田产、山林、药铺卖光吃光,不留余地,同时也败光了陶氏的财运。陶铸祖父陶益斋从小就读四书五经,能写一手好古文,等他长大成人时,已家道中落,种田无地,从商无店,仕宦无途,怀才不遇,贫病交加,年仅 37 岁便与世长辞了。

好在陶铸的父亲争气,一番打拼之后,家业稍稍有些起色,使陶铸还有受教育的机会。陶铸的读书是从私塾开始的。1914年陶铸六岁时,举家迁往武昌。其时进私塾"发蒙"。第一年,读《三字经》《百家姓》,第二、三年,读《幼学》《左传》《诗经》《唐诗》等。陶铸自幼聪明好学。早在陶家湾时,就爱跟着湾里的一些大孩子随口念"人之初,性本善"等句段。由于天资好,一天能熟读百来句。写字在私塾是每天必修课,开始填白,然后就临帖摹写。陶铸从小酷爱写字,常写一些《三字经》的名句,这不仅激励自己,也为他以后练就的一手好书法,打下了根底。

陶铸的小学是在其父陶铁铮所办学校读的。陶铁铮毕业于湖南南路优级师范学堂,曾参加同盟会,积极投身武昌起义等革命斗争。他为人慷慨正直,从不见风使舵,倒戈求荣。在异常复杂的斗争中,他在武昌找几个朋友,合伙开办了一个小煤矿,寄希望于"实业救国"。由于社会动荡,小煤矿只撑持了一年就倒闭了。陶铁铮遂携妻室儿女从武昌返回祁阳陶家湾,找到他的同乡老友申暄,商量创办新学堂。新学堂的地址选在陶家湾附近的潘家埠,名称定名为文昌阁小学,陶铁铮自任校长。他提出拿文昌阁的会产和学田的租谷作办学基金,遭到乡里两个豪绅的反对,但他仍坚持于1916年春开办学堂,直至1918年夏初被当地豪绅封闭。其间,陶铸就在文昌阁小学读书。回顾陶铸一生,他只在这个小学正正规规地念了两年半书。陶铁铮因不畏权势得罪了地方豪绅,最后被诬陷,惨遭杀害。

父亲被害,家里就失去了顶梁柱,陶铸从此没了依靠,读书没有经济来源,连基本生活都成了问题,日子过得异常艰难。他非常痛恨地方豪绅,发誓长大后一定要为父亲报仇。从此,复仇的种子深深地埋在他的心中,这为他日后走上革命道路坚定了决心和勇气。

父亲被害后,陶铸失学半年,后在申暄老师的资助和关怀下,他在清水塘申氏小学重新获得读书的机会。陶铸特别用功,别的孩子在稻场上嬉戏欢闹,他还在认真地读书、练字。申暄老师白天给学生上课,晚上还同陶铸谈古论今。有一天晚上,申老师对陶铸说:"你父亲提倡办学,造福桑梓,是正大光明的事,他遭人杀害,正义何在?公理何在?这仇你长大了一定要报。"陶铸说:"怎么报法?"于是,申老师就指点陶铸:"多看书,精通兵法。《水浒》《三国演义》《薛刚反唐》,还有讲陈胜、吴广、洪秀全的书,这些书都可以看。"

陶铸从小就如饥似渴地看书、学习,认真地练字,为他日后积极参加革命,分析革命形势,打下了文化基础,也为他在被幽禁的日子里在旧报纸上写诗明志提供了书法功底和文学功底。因为所学所知,他能够理性地思考新民主主义革命,形成革命乐观主义精神。他参加革命,戎马倥偬,他报的不是家仇,而是国恨,是为中华民族的解放而与帝国主义、封建主义、官僚资本主义进行顽强的斗争。这一切与他早期家庭变故、家教、家风有密切关系,也与他所接受的教育有直接联系。

(二)　陶铸探索救国救民之道的社会背景

陶铸民本观的形成与当时的社会环境有密切联系,在这种环境下陶铸积极探索救国救民之道。

1925 年,陶铸从安徽芜湖来到湖北武汉白沙洲。当时的武汉正处在大革命洪流的洗礼中。在政治风云急剧变化的现实斗争中,他的观念也发生了重大的变化。革命与反革命的斗争异常激烈,探索救国救民的道路在艰难地进行。著名的共产党人董必武、陈潭秋、恽代英等都在武汉,他们写文章、作报告,阐明中国革命必须组织工农大众,致力于广泛团结各界人士,并将他们聚集到反帝反军阀的旗帜下。当时在武汉,以共产党和国民党左派联合统一战线的革命力量,同国民党右派的反革命势力斗争十分激烈。以董必武为首的共产党人通过湖北国共两党组织,指导在武汉出版的《楚光日报》《武汉评论》等进步报刊发表文章,编印出版专门小册子,对流行于武汉的戴季陶主义、无政府主义进行批判,揭露其反对共产党、破坏国共合作、破坏人民革命运动的反动实质。

陶铸初到武汉就接触到各种思想。他酷爱看书、读报,社会上的各种思潮不断向他涌来。一有空闲,陶铸就跑到街上去听共产党人的演讲。几乎每次讲演会、辩论会,他都怀着极大的兴趣去旁听。1925 年 8 月,共产党人肖楚女在中华大学作讲演。他将矛头直指醒狮派国家主义者所散布的种种谬论,对其反动实质作了一针见血的揭露和批判。陶铸在学校大礼堂的角落里,足足站了两个多小时,静静地听着,生怕稍一走神漏听了一个字。听完讲演,他快步跑回白沙洲的住处。"这回我在中华大学听的讲演,可开心窍啰! 算把我讲明白了。"陶铸对账房先生说,"今天我才明白,要报父仇,救中国,光是实业救国还不行,一定还要有中国共产党的领导,彻底打倒帝国主义和封建主义。"①

不论白天晚上,陶铸一有空,不是去听讲革命的道理,就是趴在桌上,潜心阅读共产党办的《向导》《中国青年》《楚光日报》等革命报刊。这使得陶铸眼界大开,明白要外抗强权,内除国贼,非走革命的道路不可。渐渐地,他对中国共产党和共产主义有了信仰。他对国共合作的大革命策源地广州,十分向往;对黄埔军校,更是向往。

在乡贤刘家溥的资助下,陶铸由四叔的同窗好友蒋伏生带领去广州投考黄埔军校。那时进黄埔军校的学员,有考取的,也有国民革命军保送的。为了能进黄埔军校,陶铸争取机会锻炼自己,要求下连队生活,受点军事训练。后由入伍生二营保送至黄埔军校第五期入伍生班。

1926 年 6 月,陶铸在入伍生班接受四个月的士兵训练后,于同年 10 月升入军官步科。一天,同编入伍的共产党员陈葆华找他谈话,问他军官班毕业后有何打算,陶铸斩钉截铁地回答说:"献身革命,打倒列强,铲除军阀。"接着表示,他坚决和共产党站在一起,坚信共产主义,不管斗争有多复杂,他对共产主义的信念至死不动摇。在交谈中,陶铸向陈葆华提出了自己想要入党的要求,

---

① 郑笑枫、舒玲:《陶铸传》,中国青年出版社 1992 年版,第 32 页。

并说:"我来广州这几个月,使我明白了许多革命道理,只有唤起天下的劳苦大众起来革命,推翻旧政权,工农大众才能当家作主,不受土豪军阀的宰割。我认定了,只有中国共产党,才能领导中国工农大众革命;只有中国共产党,才能救中国。"①1927 年 2 月 2 日,陶铸在《黄埔日刊》第四版上发表了题为《革命军人的学说与人格》一文,指出人格扫地的人,最终只能是甘作帝国主义的走狗。他提出了一个真正的革命党人,要树立起坚定的革命人生观。他坚持认为革命的人生观包含两大核心:一是要有明确的政治主张和实现政治主张而采取的坚决革命手段;二是要有健全的人格来担保,也就是要具有高尚的革命品质。他对人的学识作了最深刻精辟的解释,认为学识包含两方面内容:一是应当思考革命之真谛,懂革命懂建设;二是要有人格学识,否则,也难以承担革命重责。

在黄埔军校时,陶铸看到蒋介石在学生中搞帮派,发动四一二反革命政变,意在镇压共产党和工人武装。陶铸坚定表示,他们应该扎扎实实地在学员中做好政治思想工作,把真正的革命者团结起来,用坚定的斗争,制止蒋介石的反革命倒退。但由于陈独秀推行右倾机会主义政策,7 月 15 日,汪精卫公开叛变革命,制造了七一五反革命政变,举起屠刀,镇压工农,轰轰烈烈的大革命遭到失败。

在中国共产党的领导下,中国人民的革命斗争面临着一个新的转折点。陶铸亲身经历了大革命的惨痛失败,目睹了蒋介石、汪精卫反革命集团血腥镇压革命群众的残暴行径,他已深深从斗争的实践中认识到:革命非武装不可。

陶铸对马克思主义的追求,是出于对中华民族的发展出路的探求与回答。他认为只有信仰马克思主义理论,加入中国共产党,革命才能走向胜利。近代中国向何处去的追问,促使陶铸最终走向马克思主义,并对民本观有了独到而深刻的理解。

---

① 郑笑枫、舒玲:《陶铸传》,中国青年出版社 1992 年版,第 38 页。

第三节　陶铸民本观的理论渊源

陶铸民本观的形成有多种原因,同其他思想理论的形成一样,也要从"已有的思想材料出发"①。陶铸民本观无疑来源于马克思主义理论,但是,从其发展历程来看,内涵十分丰富,现实意义十分重要,只从这一层面来探讨其民本观的渊源显然是不全面的,对其民本观的探讨应从多维视角来进行。马克思主义唯物史观则为他的民本观提供了域外资源和理论核心,中国传统文化为陶铸民本观的生成和发展提供了深厚的民族根基,家族文化为他的民本观提供了根本传承,中国共产党的民本思想是直接理论来源。

一、马克思主义经典作家的唯物史观是根本理论来源

有西方学者指出:"马克思的学说并不认为人的主要动机就是获得物质财富;不仅如此,马克思的目标恰恰是使人从经济需要的压迫下解脱出来,以便他能够成为具有充分人性的人;马克思主要关心的事情是使人作为个人得到解放,克服异化,恢复人使他自己与别人以及与自然界密切联系的能力。"②马克思一生致力于为人类谋福祉,马克思主义经典著作中深刻的唯物史观是陶铸民本观的理论来源。

(一) 马克思、恩格斯的人民观

马克思、恩格斯的唯物史观坚持人民群众是历史的创造者,首先要关注人的生活。马克思、恩格斯指出,"我们首先应当确定一切人类生存的第一个前提,也就是一切历史的第一个前提,这个前提是:人们为了能够'创造历史',

---

① 《马克思恩格斯选集》第3卷,人民出版社2012年版,第775页。

② [美]埃利希·弗洛姆:《马克思关于人的概念》,载《西方学者论〈1844年经济学哲学手稿〉》,复旦大学出版社1983年版,第23页。

必须能够生活"。① 马克思非常关心人民的生活,关心人民的物质利益,为了弄清社会生活中的物质利益关系问题,他着力研究现实社会的经济关系,坦诚说:"关于自由贸易和保护关税的辩论,是促使我去研究经济问题的最初动因。"②马克思关爱人的幸福生活,强调"历史把那些为共同目标工作因而自己变得高尚的人称为最伟大的人物;经验赞美那些为大多数人带来幸福的人是最幸福的人"③。为此,他非常关心劳苦大众的生产、生活,同情下层人们的遭遇和恶劣的生产条件,追求无产阶级和全人类的解放及幸福生活。恩格斯也非常关心下层人民的生活,特别是关心贫苦工人们的生活,他对英国工人们说:"我很想在你们家中看到你们,观察你们的日常生活,同你们谈谈你们的状况和你们的疾苦,亲眼看看你们为反抗你们的压迫者的社会统治和政治统治而进行的斗争。"④马克思、恩格斯终生从事"现实的人及其发展"的研究,他们对人民群众的历史地位的认识十分深刻,对异化劳动的认识有独到见解,对剩余价值理论的揭示也深刻而全面,对每一个人全面而自由的发展理论建构是如此的周密,深刻反映出他们对下层劳动人民的生存与发展的密切关注。马克思、恩格斯认为:"历史不过是追求着自己目的的人的活动而已"⑤。他们高度评价了人民是创造历史的主体力量,是推动人类社会发展的主要动力。马克思、恩格斯在《共产党宣言》中构想出"自由而全面发展的人的联合体",指出人类社会发展的终极目的是为了人的自由而全面的发展,是衡量人类社会进步和解决人民生活问题的最高价值标准。实现每一个人的自由而全面的发展贯穿于马克思、恩格斯人民观的核心思想和终极目标,因此,马克思、恩格斯的思维重点都体现出以人为本的思想。

---

① 《马克思恩格斯选集》第1卷,人民出版社2012年版,第158页。
② 《马克思恩格斯全集》第31卷,人民出版社1998年版,第411页。
③ 《马克思恩格斯全集》第1卷,人民出版社1995年版,第459页。
④ 《马克思恩格斯全集》第2卷,人民出版社2005年版,第273页。
⑤ 《马克思恩格斯文集》第1卷,人民出版社2009年版,第295页。

陶铸为了阐述民本与社会发展的关系,着重强调人民从事物质资料的生产,在人类社会发展和进步过程中的最基础的作用。认为生产力的向前发展,生产力与生产关系不断矛盾运动的过程是社会不断发展进步的重要源泉和极大力量。另外,在陶铸民本观的形成过程中,吸收了马克思主义的以人为本观。他详细论述了人民在社会、社会组织、社会发展、社会变革和进化中的重要地位与作用。这不仅表明了他关于人是促进社会进步的主要力量的判断,而且也纠正了唯物史观传入中国初期重视物质而轻视人的作用的现象。

(二) 列宁的人民观

列宁不但从理论上论述了社会主义社会人民生活的美好前景,而且立足于无产阶级的政权就是为造福全体人民的实践,强调社会主义就是为改善人民生活的制度保障,认为只有社会主义才能实行广泛和公平的社会生产制度和按劳分配制度,"以便使所有劳动者过最美好的、最幸福的生活"[1]。陶铸强调,新中国是人民的中国,干部"管理众人的事"是为了使国家富强、人民幸福。干部要把为人民谋利益的事,通过思想政治工作讲清道理,使全体社会成员心悦诚服地来参加建设社会主义社会的工作[2]。显然,这从民本的角度触及了社会主义的本质内涵。

在领导苏维埃政权的经济发展过程中,列宁十分注重农民的利益,将发展农业,提高农民生活水平放在突出位置。十月革命前,农民过着非常艰苦的生活。对此,列宁主张"剥夺大土地占有者的田产、厂主的工厂、银行家的货币资本,消灭他们的私有财产并把它转交给全国劳动人民"[3]。1921年,他主导实施新经济政策,鼓励农民大力生产粮食,交完国家的粮食税后,剩余的粮食

---

[1] 《列宁全集》第34卷,人民出版社2017年版,第356页。
[2] 陶铸:《在广州市高等学校青年团干部学习班上的讲话》,广东省档案馆,1954年8月。
[3] 《列宁全集》第7卷,人民出版社2013年版,第123页。

可自行处理。用这种方法,农民的生产积极性得到很大提高,农民群众的利益要求也得到最大限度地实现。列宁认为社会主义国家要发展经济,重要的一点必须实行土地国有化。而陶铸强调土改的目的,就是要摧毁旧的、封建的生产关系,建立一个新的生产关系,即摧毁地主阶级的土地所有制,建立农民的土地所有制。土改结束后,要全力转向生产,确保与巩固农民的土地所有权①。不论是在巩固土改胜利、安定人心上,还是在刺激农民生产情绪、进一步发展生产上,都有极其重大的意义。

列宁提出,无产阶级政党在取得执政地位以后,政党的政策和执政方略必须要符合人民的利益。"必须把改善工农生活状况的问题单独提出来,以便密切注意这方面所取得的成绩"②。陶铸强调领导干部在决策时,必须十分谨慎,特别是在决定关系到群众利益的生产、生活问题时,要充分注意群众的眼前利益与国家的长远利益的正确结合③。可见,陶铸把中国共产党的领导与人民的根本利益紧密联系起来。

列宁强调无产阶级政党要加强同人民群众的紧密联系,他指出,对党来说,"最严重最可怕的危险之一,就是脱离群众"④,"我们需要的是能够经常同群众保持真正的联系的党,善于领导这些群众的党"⑤,党"保持领导不是靠权力,而是靠威信,毅力,靠比较丰富的经验、比较渊博的学识以及比较卓越的才能"⑥。受列宁相关思想的启发,陶铸同样强调领导干部对事物的认识不可能一开始就很完备,而是通过批评和自我批评不断加深。如有了缺点和错误,不加以批评,就很容易脱离群众,这是不符合认识事物的规律。只有拿

---

① 陶铸:《在中共中央华南分局扩大会议上作了〈胜利完成土改,全力转向生产〉的报告》,广东省档案馆,1953 年 4 月。
② 《列宁全集》第 41 卷,人民出版社 2017 年版,第 271 页。
③ 陶铸:《在中共广东省委(扩大)汕头会议上所作的总结报告〈总路线与工作方法〉》,广东省档案馆,1959 年 5 月。
④ 《列宁选集》第 4 卷,人民出版社 2012 年版,第 626 页。
⑤ 《列宁全集》第 39 卷,人民出版社 2017 年版,第 228 页。
⑥ 《列宁全集》第 7 卷,人民出版社 2013 年版,第 9 页。

起批评与自我批评这个武器,干部才能更好地联系群众,进一步认识事物的本质方面。

二、中国传统文化的影响

中国历史上,许多思想家认为重民思想是社稷之基、国家之本。他们同情、关心老百姓的生活,对老百姓充满着人文关怀,提出了许多有价值的民本观点,形成丰富的中国传统民本思想,给历代统治者治国安邦提供有益的借鉴,为中国传统政治理论提供了重要理念。受传统文化熏陶的陶铸,自然也受到传统文化中积极因素的启发。

中国传统文化中具有丰富的民本思想,《尚书·五子之歌》中说:"民惟邦本,本固邦宁"①。管仲根据自己的经验和独到的理解对这一理念加以延伸和拓展,提出"以人为本。本理则国固,本乱则国危"②。由于民本反映出民意,贴着民心,必须重民本,对老百姓"爱之,利之,益之,安之"③。孟子进一步阐释,"无恒产则无恒心,苟无恒心,放辟邪侈无不为己"④。意思是说,如果普通人没有稳定的收入做保障,他们的思想就不能达到一定的道德标准。人们如果达不到一定的道德标准,就会放荡不羁,没有廉耻,对社会造成混乱。明代思想家李贽,针对宋明理学家"存天理灭人欲"的命题,主张"穿衣吃饭,即是人伦物理"⑤,认为"理"即社会道德,就存在于普通人的日常生活之中。显而易见,古人也意识到,物质资料的生产可影响人们生活水平的提高,这些会直接制约着人们道德理性的养成。这与唯物史观存在一些相通之处。唯物史观认为,随着生产力的发展,要求与之相适应的生产关系和社会关系,进而要求与之相适应的价值理性与道德观念。由此,陶铸提出,"调查研究与一切经过

---

① 陈戍国点校:《四书五经》,岳麓书社 2002 年版,第 227 页。
② 谢浩范、朱迎平:《管子全译》,贵州人民出版社 1996 年版,第 357 页。
③ 谢浩范、朱迎平:《管子全译》,贵州人民出版社 1996 年版,第 165 页。
④ 梁知:《国学通鉴》,安徽人民出版社 2000 年版,第 109 页。
⑤ 韩喜凯:《民本·安民篇》,齐鲁书社 2001 年版,第 293 页。

试验是相辅相成的,他们都是工作中所必经的阶段和重要过程,是主观认识客观的根本方法"①。他强调一切从实际出发,了解群众的实情,加强调查研究,制定和解决人民群众最关心、最紧迫的问题,这是唯物史观的根本方法。

陶铸非常重视学习和借鉴中国传统文化,从中吸收有益的思想资料。1933年10月,陶铸被国民党南京军法处判处无期徒刑,关押在南京军人监狱。为了坚定对中国共产党和共产主义的信念,陶铸在狱中联合狱友同国民党作坚决斗争。教这些狱友认真学习文化,学习政治、经济、文艺等。狱友们常捎信给探监的亲友带书籍来,并互相传阅,共同提高文化水平。在狱中五年,陶铸非常用功,认真阅读了中国古典作品《史记》《昭明文选》《名臣录》《古文观止》等,也读了《国闻周报》等报刊。狱中的五年,是陶铸刻苦研读中国传统文化最集中的阶段。陶铸自己也曾说:"我是从监狱大学毕业的。"

陶铸特别喜欢读《史记》和《国闻周报》。《国闻周报》是民国时期著名的新闻周刊,总编胡政之重视新闻报道,目的是为了保存中国民意。陶铸阅读《史记》和《国闻周报》,希望实事求是地了解中国思想文化的源头,以之来探索延续不断的中华文化的一些特征,在读史书的过程中领悟中华民族的独特精神,从而掌握牢固的人文社会科学知识。在此基础上,再去阅读马克思主义原著,就具有更深厚的文化底蕴。马克思主义的中国化与中国文化的现代化,实际上是一个紧密联系的过程。中国化了的马克思主义,不能不从中国文化的优秀遗产中吸取精华。陶铸对中华传统文化的批判继承,既是对传统文化在新的历史条件下的发扬光大,也为接受马克思列宁主义提供了良好的条件。

《名臣录》包含大量立身做人的人生哲理,小到修身养性,大到治国平天下。所选文章,或托物言志,或缘事说理,或直抒胸臆,都有具体的对象、具体的内容,都有所依据,不尚空谈,有鲜明的时代形象和强烈的时代感受。内容上分为四个方面:一是自古英雄皆爱国,爱国主义是中华民族伟大的民族精

---

① 　陶铸:《在中共广东省委(扩大)汕头会议上所作的总结报告〈总路线与工作方法〉》,广东省档案馆,1959年5月。

神,《名臣录》中有大量的爱国名言,催人奋进。二是百善孝为先,"孝"是中华民族传统文化的精髓。儒家思想认为忠孝是大德,是立家立国的根本。其他各种道德观念,如仁、义、礼、智、信等,都是围绕忠孝这一核心提出来的。三是为政在于得民,得民心者得天下,民贵君轻,强调为政得民最为重要。四是寄情山水心地宽,人生不可能一帆风顺,总会跌宕起伏,面对成功与失败,表达了作者超然出尘的精神境界和人生态度。在物欲横流、精神荒芜的境况下,走向大自然,在山水间养神怡情、陶冶情操,也不失为守护精神家园、提升思想境界的方法。读此书有三点好处:一是了解历史;二是学习历代名臣对时、对事、对人的看法和做法;三是使自己自信、自强、奋发向上。在《名臣录》中,似乎总有万古流芳的言论和思想,强调"立德、立言、立志"。古代名臣的那种人生境界和旷世情怀,早已被后人奉为立身行事、行己、行道的楷模。

1967 年 1 月 4 日,陶铸受到林彪、"四人帮"的诬陷,被幽禁在中南海的卍字廊的小院里。他捧起《名臣录》,认真阅读其中仁人志士的爱国主义故事,领悟其中的中华民族传统美德。他常常将这些仁人志士的精神品质与自己的理想信念进行比较,写诗言志,抒发其忧国忧民之情。在被幽禁期间,他将《卍字廊》一诗写在旧报纸上,常以《名臣录》中中国古代的忠臣自励,坚定自己对社会主义和共产主义事业必胜的理想信念。

三、陶氏家族的文化特质及其影响

陶铸民本观具有独特的个性,尤其是他的"松风精神"和"心底无私天地宽"的高尚品格体现出鲜明特质。其民本观是在新民主主义革命和社会主义革命、建设中逐渐形成和发展的,但首先是受到陶氏祖先德政的影响。综观湖南省永州市祁阳县《陶氏八修族谱》第 1—14 卷,从中可以看出其中的渊源。

《陶氏族谱》真实地记载了陶铸祖先的遗行、祖德。陶氏先祖,多为官一任,施泽于民。陶岳公廉洁自守;陶弼公课民植木浚渠,好士乐施;陶谏公拾金不昧,扬善惩恶;陶日赞公诚品立行。这些优良的家族品性,都对幼小的陶铸产生潜移默化的影响,使之继承传统儒家思想及陶氏先祖民本思想而又有所超越,形成了独特的惠民、养民等民本观。陶铸先祖的民本观大体分为两类。

(一) 陶氏先祖的内在品格:端方正直,诚品立行

《陶氏族谱》里记述了家族史上许多端方正直之士,为后人楷模。

1. 拾金不昧

《曲江县丞谏公传》记载:一日与友至城下,忽有遗金者,大人拾之立而待,自巳至午,遗金者泣至,大人询其金数不差,遂与之。且戒曰:"尔生平多躁,以至有失,今后可小心。"其人祝曰:"原君世世荣昌!"叩谢而去。一市服其德。[①] 陶谏公拾金不昧、不利己专利人的行为彰显了公正、无私的品格。这种精神代代相传,为陶氏家族文化注入了一种正能量。

2. 扬善惩恶

《曲江县丞谏公传》有云:及任曲江县丞,为民兴利除害,事上无逢合之态,待下无苛刻之情,一次鞠折离事,嫁者因贫无措,而娶者强而有力,意欲娶妇过门,少其礼银,不平致讼,大人得其情,将妇断回原夫。且与之金以为生理资,而强娶者,加以罪,市中称快。又有强者夺邻之田,欲以金贿,大人知其情,置之法,由是小民咸知有三尺。[②] 陶谏公为人正直,依法断案,彰显正义。由是观之,得民心者得天下。扬善惩恶,大义凛然。

3. 诚品立行

《潜江司铎日赞公传》记载:六世祖日赞,字心华,生平恂谨,退让先道德而后文章。及明经授江西崇仁县训导、潜江县教谕,课士子必定试期,出己赀设洒饰,作文,布坐且谕曰:"学者诚品立行,修他日置身廊庙,功名事业,自不可量,苟追琢时文,而平日之品行,不堪自问,虽至及第,能毋愧于己乎?"仕两

---

① 《陶氏八修族谱》(卷一),湖南祁阳陶氏五柳堂1998年刊本,第107页。

② (清)吴楚材、吴调侯:《古文观止》(下册),湖南人民出版社1982年版,第269—271页。

县共二十余载,邑中士子,争自鼓励,文行倍常,致仕后,有去思碑,邑乘,亦可考焉。① 陶日赞公强调,为人处世讲究一个"诚"字,"人无信不立",诚实是天地之大道,天地之根本规律。追求诚信,则是做人的根本原则。可见,诚实守信是为人的首要品格。

(二) 陶氏先祖的德政在民:廉洁自守,植木浚渠

《陶氏族谱》记述了陶氏祖先廉洁奉公、两袖清风的高贵品质,为民众钦佩,为万代传颂。

《舜咨公陶岳传》记载:陶岳,字舜咨,自称浔阳望族,实为祁阳县人,其先祖千二郎,由浙江会稽迁居衡湘间之祁阳,住祁城寿井门外之陶家岭。宋太宗太平兴国元年成进士,与寇准同科,寇守密州,岳为其部属。岳历官四十余年,曾任端州刺史,端州产砚,价值连城,为官者求索甚多,但岳不为苟取,父老言曰:"前太守不求砚者,唯包拯与岳二人而已。"②陶岳民本情怀深厚,恤民、爱民、惠民、安民思想深入其为官之道,也为陶氏后人树立了榜样。

《陶氏族谱》记载的陶氏祖先德政在民、施泽于民、为民兴利除害的事迹很多。陶弼是陶岳之子,《商翁公陶弼传》记载:杨畋还朝曰:"吾平贼湖外,所得者一陶弼而已。"迁阳朔令,课民植木官道旁,夹数百里,自是行者无夏秋暑渴之苦。他郡县悉效之。摄兴安令,说桂守肖固,浚灵渠以通漕,不听;至李师中遂浚之。师征安南,漕艘通便,大为民利。……弼素得人心,贼动息皆先知。获间谍不杀,谕以顺逆,纵去之,恩威两施,以是终弼任不敢犯,加东上阁门使,未拜而卒。建中靖国,编次勋臣,弼亦与焉。诏录其家子五人,弼能诗,好士乐施,所得俸禄,悉以与人,家至贫不恤也,身后妻子在乡里僦屋以居,有书奏十八卷。③

① 《陶氏八修族谱》(卷一),湖南祁阳陶氏五柳堂1998年刊本,第108页。
② 《陶氏八修族谱》(卷一),湖南祁阳陶氏五柳堂1998年刊本,第100页。
③ 《陶氏八修族谱》(卷一),湖南祁阳陶氏五柳堂1998年刊本,第101—102页。

陶氏家族文化通过一个个鲜活的故事代代相传,对陶铸的为人、处事、立志、报国、惠民乃至一生都有深远影响,特别是其家教家风和德政在民、为官之道对陶铸爱民、恤民的民本思想,坚持正义、疾恶如仇的公正品质影响颇深。

四、中国共产党的民本思想是直接理论来源

中国共产党从成立那一天起,就将为中国人民谋幸福、为中华民族谋复兴作为初心和使命,随后,在新民主主义革命中经历了艰苦卓绝的土地革命、抗日战争和解放战争,完全依靠人民群众的力量,走与人民群众相结合的道路,推翻了"三座大山",人民获得了解放,翻身做了主人。中国共产党领导中国人民为追求民族独立和人民解放不断奋斗的历史,就是将人民利益放在首位、以人民利益为中心的历史。中国共产党杰出的领导人毛泽东、刘少奇、周恩来、邓小平等都具有强烈的民本思想,他们始终强调要为人民群众服务、为大众谋幸福、为人民利益而努力奋斗。

回顾中国共产党成立以来近一百年的历史,就是中国共产党不忘初心、牢记使命的奋斗史,就是中国共产党以人民的利益为重、为人民服务的造福史。中国共产党的民本思想,主要体现在以下三个方面:一是中国共产党植根人民。回望我们党波澜壮阔的伟大征程,无论我们党经历任何艰难困苦,都能克服困难,坚持正确的路线方针政策,最关键的就是我们党植根于人民,人民中蕴藏着巨大的力量。无论我们在前进的道路上遇到任何风险挑战,全体中国人民就是我们的"源"和"本",就是我们战胜风险和挑战的最大的支持者。二是中国共产党造福人民。党的最低纲领和最高纲领都体现着党为人民群众的根本利益而努力奋斗,在每个历史阶段都团结带领广大人民群众,为了人民的利益继续前进,最终是为了改善人民生活,为了人民的福祉。三是中国共产党依靠人民。在长期的社会主义革命和建设中,任何一次胜利的取得,都是通过动员和依靠人民的力量,同心同德,众志成城,人民的力量是巨大的。中国共产党坚持走群众路线,就是要求党员领导干部必须深入群众,开展调查研究,

问计于民,问需于民,依靠人民的力量,制定正确的方针政策,从而取得社会主义革命和建设的伟大胜利。

中国共产党在长期的新民主主义革命、社会主义革命和建设中,深刻总结自近代以来中国人民不断追求政治、经济、文化的发展,运用马克思列宁主义的历史唯物主义理论,坚持人民群众是历史的创造者的唯物史观,根据社会和历史的发展进程,形成了由中国共产党主导、由全体劳动群众广泛参与的、具有中国特色的民本思想。

提高人民生活水平,保障和改善人民生活,是中国共产党的宗旨和奋斗目标。中国革命的中心问题之一是农民问题,中国共产党领导人民群众在土地革命战争时期打土豪、分田地,在抗日战争时期实行减租减息,在解放战争时期开展根据地土地改革,赢得了广大人民群众的广泛赞誉和拥护。新中国成立后,通过社会主义改造,完成了对农业、手工业和资本主义工商业的"三大改造",从而改善和解决了人民群众最基本的生存条件和生活问题,建立了社会主义制度,初步奠定了物质基础和制度基础。社会主义建设时期,在开展爱国卫生运动、消灭血吸虫病等方面取得了一些成绩,人民健康水平有所提高。

在新民主主义革命、社会主义革命和建设中,陶铸注重吸纳中国共产党的民本思想的精髓,并在社会主义革命和建设的实践中不断发扬光大。

第二章 陶铸民本观的形成发展历程

对民本问题的思索,是自始至终贯穿于陶铸民本观发展历程的一个基本问题。因此,探讨陶铸的民本观,必须对陶铸民本观的运行轨迹做一次大致梳理,全面展现它的发展脉络。本章按照历史与逻辑相统一、理论与实践相统一的原则,以陶铸将马克思主义、毛泽东思想的理论与新民主主义革命、社会主义革命和建设的具体实践相结合为主线,把陶铸民本观的发展历程与中国共产党领导的革命、建设历程相结合,将他对民本问题的理论探索与实践全过程分为四个阶段进行探讨。

第一节 陶铸民本观的开始形成阶段:新民主主义革命时期——投身革命救民

陶铸曾生活在积贫积弱、民不聊生的旧中国,广大民众受剥削、受压迫、受奴役。自近代以来,无数仁人志士为了中华民族的独立和解放前仆后继,敢于牺牲,但最终都失败了。历史的重任落在中国共产党人身上,陶铸是党的第一代领导集体的忠诚的共产主义战士。如何使广大劳动人民获得独立和解放,陶铸经过了一个长期的探索。他先是报考黄埔军校,开始走上了革命的道路。在革命斗争中,他深刻地认识到:要完成民族独立和人民解放,必须要以马克思主义为指导,团结和带领广大劳动人民,实行暴力革命。因此,陶铸接受了马克思主义人本思想。从马克思主义在中国的传播到1949年中华人民共和国成立这一阶段,是陶铸民本观开始形成阶段。

一、投身革命,奠定民本之基

(一)投身革命斗争,探索救民之道

陶铸10岁时,父亲陶铁铮和叔叔陶柏生被石洞源的两个豪绅勾结北洋军阀秘密杀害,陶铸遂在年幼时就种下了仇恨军阀、官僚、豪绅的种子。1926年,他投身黄埔军校,寻求救国救民的道路。投考黄埔之前,陶铸只想到要参加革命,打倒军阀,杀尽土豪劣绅,报杀父之仇。通过在黄埔军校的学习,他明白只有中国共产党才能领导中国工农大众革命。陶铸对共产党员陈葆华表达了坚决和共产党站在一起的决心。在交谈中,他向陈葆华提出想加入中国共产党。不久,陶铸成为一名光荣的中国共产党党员。

1927年,蒋介石发动四一二反革命政变,再加上陈独秀右倾机会主义错误,使革命遭到重创。陶铸等一行到达武汉不久,湖北农协就在毛泽东的指导下,于1927年6月19日至21日召开扩大会议,会议批判了陈独秀反对武装工农的错误主张,认为只有真正的工农武装,才能保障革命取得的胜利。会后,党组织把许多共产党员以农民运动特派员名义,派往各地农村,并发出号召:"到农村去,实行农村大革命!"考虑陶铸是黄埔五期毕业生,有军事知识,党组织决定派他到鄂东各县去组织农民自卫军。后又接到命令,暂缓去鄂东,留在武汉参加组织农民自卫军的动员和后勤工作。

(二)坚持主体论,坚信兵民乃胜利之本

1927年陶铸从敌人的工兵营逃出,化装潜入广州找党组织,中共广东省委正在秘密准备举行广州起义。组织安排他协助改造部队,把武装掌握到共

产党手里来。陶铸一到任,改造队伍的全部工作就压在他的身上。省港罢工纠察队的队员多数是海员工人,有觉悟,听党的话,陶铸以团参谋的公开身份,以训练为名,首先把工作重心放在第三营,在营里秘密建立了党的支部和党的外围组织,把全营官兵紧紧团结在党的周围。

陶铸坚持马克思主义关于人民群众是历史的创造者的基本原理,并将这一基本原理落实到新民主主义革命时期的具体实践中。人民群众是历史的真正主人,陶铸坚信,只有依靠人民群众,让群众起来自己解放自己,才能取得胜利。新民主主义革命的实践也证明,只有依靠最广大的人民群众,进行人民的战争,才能取得革命的胜利。

(三) 广州起义失败后,回祁阳建立农民武装

广州起义失败,反动派血洗羊城,惨遭屠杀的革命群众和工人赤卫队就达5000多人。1928年1月底,陶铸回到祁阳。他深刻理解枪杆子里面出政权,积极建立农民武装。陶铸通过共产党员申庆礼的关系找到了祁阳地下县委,县委详细了解了陶铸随叶挺部队参加南昌起义、广州起义的情况后,决定恢复其组织关系,并让他参加县委工作。陶铸按照湘南特委的指示,到全县各地去秘密组织年关暴动。当时枪支很少,他就秘密制造梭镖、大刀作为暴动武器。

通过革命的实践,陶铸认准了非抓武装不可,他以全副力量投入秘密建立祁阳革命武装的工作。很快,祁阳县委发现已经有人盯上了陶铸。经县委决定,让他由收山货客商改扮为教员,隐蔽到老家石洞源。当时陶铸是祁阳有名的"大共产党员",他潜回祁阳,已被敌人察觉,抓他的风声日紧。经县委研究,决定让陶铸离开祁阳,介绍他到湘南特委另行分配工作。

陶铸坚持马克思主义关于人民群众是历史的创造者的基本原理,并将这一基本原理落实到新民主主义革命时期的具体实践中。人民群众是历史的真正主人,陶铸坚信,只有依靠人民群众,让群众起来自己解放自己,才能取得胜利。新民主主义革命的实践也证明,只有依靠最广大的人民群众,进行人民的

战争,才能取得革命的胜利。

二、立足八闽大地,开展武装斗争,保一方平安

(一) 在福建地下军委的领导岗位上,指挥武装斗争

陶铸离开祁阳后,先后去武汉、徐州找党组织,最后在北平找到了周仲英和蒋宗华,才接上关系。这时已是 1928 年冬。陶铸对周仲英说,大革命失败后,中国革命的性质仍然是资产阶级民主革命,当前的政治形势是处在两个革命高潮之间,党的总任务不是进攻,而是争取群众,反对帝国主义、封建主义,实行土地革命,建立工农民主专政。陶铸接受中央派他到闽西红四军去工作的命令,心情十分振奋,他认为只有学好军事技术,才能掌握枪杆子,在战场上实现打倒军阀、武装工农、夺取政权的目的。现在,他就要到党创建的革命根据地去,又是到毛泽东、朱德领导的中国工农红军去工作,这是他早就盼望的。到了福建,经请示中央同意,陶铸留省军委负责兵运工作,担任省委秘书长,参加省委军事领导,在白区指挥武装斗争。罗明向陶铸交代工作,他的任务就是按照中央军委和省委关于武装工农、扩大红军、组织兵变、发动地方暴动、开展土地革命为中心任务的指示,协助地方同志开展工作。陶铸明确表示:"我们当前地下斗争的方针和策略,就是要善于把发动群众武装斗争、策划敌军士兵实行兵变,与保卫闽西革命根据地结合起来。"①

陶铸充分地调查研究福建敌人内部的状况后,积极协助省委书记王海萍,利用敌人内部的矛盾,在敌人统治的内部发展革命武装力量。他采取的斗争策略是:打进去,拉出来,瓦解敌人,壮大自己。陶铸干起工作来,雷厉风行。他一到厦门就被安排负责兵运工作。他通过内线关系,秘密到国民党海军驻厦门和山的第一、第二护台营区当兵,深入士兵中去摸清情况,发展党的积极分子,建立党的组织。他了解到:在这两个海军护台营里,有不少湖南籍的士

---

① 《陶铸文集》编辑组:《笔祭陶铸》,人民出版社 1990 年版,第 84 页。

兵,就以同乡的关系为掩护,接近那些湖南籍的士兵,和他们拉家常。他总是先从日常经济、政治生活问题入手,关心士兵的生活,开展兵运工作。到1929年底,这两个护台营中建立了两个秘密党支部,同时在连上建立起秘密的士兵委员会。陶铸以他革命的坚定性和卓越的斗争艺术,在地下斗争的特殊战场上,出色地开辟革命的新局面,完成党交给的特殊战斗任务。

(二) 身入虎穴指挥厦门劫狱

1927年1月,中国共产党在厦门成立了厦门市委,成员很快发展到几万人。国民党反动派则派出大批军警特务,破坏罢工、罢课、罢市等运动,疯狂搜捕共产党人。当时在厦门思明县政府的监狱里,关押着我党40多位同志,他们大都是经过大革命时期斗争考验的党的重要干部。为了支援革命根据地的工作,必须要把被关押的共产党的优秀干部解救出来。当时陶铸虽然只有22岁,但经过革命的锻炼,有一定的工作经验,省委书记罗明把王海萍、陶铸找去商量对策。正在此时,得知这一批共产党"要犯"将被转移到福州,经分析判断,省委决定武装劫狱。担任总指挥的陶铸充分认识到这次任务的复杂性、艰巨性和重要性,事先摸清敌人监狱里的内部情况,认真部署劫狱及之后的接应转移等,对各个细节加以周密考虑,连敌人赶来增援的时间都计算在内。行动中,陶铸指挥十余名勇士,腰插手枪,带着老虎钳,分外队和内队投入斗争。冲进牢里的内队队员钳断了铁索,不到10分钟,40多名战友全部被解救出狱。斗争中消灭敌人20多人,我方无一伤亡。

(三) 重建闽南特委,开辟小山城根据地

1930年冬,陶铸受命到漳州重建中共闽南特委。他义无反顾,一身简朴行装,奔赴漳州新的战斗岗位。初到漳州,由于不懂当地方言,地下交通员把他安排住在一家旅馆里暂时隐蔽,以免暴露。住进南山寺后,陶铸和庙里的大和尚肖达如交上朋友。经过细心观察和调查研究,他发现肖达如要求革命的

愿望十分强烈。陶铸对肖达如说:"我是反帝的。"肖达如更加恳切地说:"我也是反帝的。"接着,他们对中国的军阀混战,民不聊生,渴望共产党起来领导闹革命,谈了许多心里话。在谈话之中,肖达如透露了同情革命,希望加入组织的要求。① 陶铸遂以南山寺为据点,很快与漳州游击队长、共产党员王占春等建立了联系。

1930年12月13日深夜,陶铸根据他到漳州后调查到的情况,向游击队员们分析闽南的斗争形势,总结前一阶段武装斗争的经验教训,提出了今后的任务是:"立即开展游击战争,实行土地革命,武装保卫闽西苏区,建立革命根据地,准备成立漳属苏维埃政府。"陶铸生长在农村,熟悉农民的要求和愿望,了解农民的疾苦。投身革命后,他在革命斗争的实践中,从马克思主义的高度上,更加深刻地理解中国革命的特点。他说,我们斗争的方针,第一是武装,第二是武装,第三还是武装。陶铸决定:闽南特委当前的中心任务是先搞武装,以革命的武装为依靠,发动群众。因此准备打土豪,既能解决枪支,又能大灭土豪威风,为游击队造政治声势。

陶铸调回厦门后,仍时刻关怀小山城根据地的建设。1932年2月3日,他给漳州县委写了一封信,提出四点指示:小山城的农民要由抗捐抗税转到抗租抗债,只有这样才能真正得到贫雇农的拥护;要向小山城四周乡村发展,才能巩固胜利,要把小山城得到的经验扩大到四周去;扩大游击队是目前丝毫不能迟缓的任务;加紧士兵工作,对兵变过来的士兵,号召广大群众开一个欢迎会,鼓励他们,使他们对革命有更深刻的认识。

(四) 领导福州中心市委的白区斗争

1932年3月间,陶铸离开厦门到福州,任中共福州中心市委书记,领导白区城市工作和整个闽东北地区的革命斗争。此时面临的第一项急迫任务,就

---

① 《陶铸文集》编辑组:《笔祭陶铸》,人民出版社1990年版,第105页。

是迅速恢复和发展党的组织。他认为,党的组织要在斗争中建立发展,要抓住斗争的主要矛盾,在斗争中锻炼革命群众,壮大党的力量。他亲自深入福州市锯木、造纸、印刷、汽车、人力车等行业的工人中,进行调查研究,了解各行各业工人的工作、生活状况,根据工人群众的情绪和要求,秘密建立和发展工会组织,并在此基础上,领导秘密工会组织,建立公开的反日救国会。陶铸以各种方式接触各界人士,广泛开展抗日民族统一战线工作,在文艺界、教育界和工商界组织反日救国会,扩大抗日反蒋的力量。到 1932 年 8 月,中心市委已在锯木、造纸、北门、南街、文化、警察、农民中建立了七个党支部,加强了党在抗日反蒋斗争中的领导作用。

陶铸亲自指导中心市委,制订工人斗争纲领,规定每年的 1 月 18 日为失业工人运动日,组织工人"向国民党资产阶级要饭吃,要棉衣穿,要房子住,要工作做",进一步团结起福州工人群众,扩大了斗争的范围和规模。

(五) 在敌人的法庭上坚贞不屈

1933 年 5 月 18 日,陶铸因叛徒出卖在上海被捕。阴险的特务害怕陶铸不承认其共产党领导人的身份,用囚车将其带到上海市伪公安局拘留所。这时,特务安排叛徒出来对质,陶铸才明白这个叛徒出卖了自己。他打断叛徒的话,指着对方的鼻子骂道:"你这样无耻,出卖党,出卖同志,想以共产党人的血,来换取你的狗命多活几天,你这个可耻的叛徒,亏你还有脸来对质。"①陶铸多次经过血与火的斗争、生与死的考验,正如他经常说的:一个共产党人,从入党的那天起,就把生命交给了党,誓为革命献身,早把生死置之度外。这时,他昂然起身,对敌记录口供的书记官说:"我是陶铸,中国共产党党员,生为党的事业而生,死为党的事业而死,你们要想从我身上还希望得到什么,那是白日做梦,办不到的。"隔了一天,陶铸又被带去问话,问他想好了没有。陶铸坚

---

① 《陶铸文集》编辑组:《笔祭陶铸》,人民出版社 1990 年版,第 138 页。

定地说,早就想好了,在黄埔军校加入共产党前,就对国共两党进行过比较。先是加入国民党,后来才加入共产党,因为共产党的理想、纲领、目标是为劳动人民服务的,相信共产主义事业必胜。陶铸大声表示,他没有什么好谈的,敌人要怎么办,就怎么办。

面对特务们软硬兼施,陶铸指着那位戴金丝边眼镜的特务说,至于说到信不信任的事,他接着对敌人说,革命不是信任不信任的事,主要是服膺真理。他相信共产主义必胜,劝敌人别在他身上做文章了。陶铸提高声音说,共产党员从入党的那一天起,就相信共产主义事业必胜,党的一切出发点都是为了人民的利益,无一不可对人言。

铁骨铮铮的陶铸知道,这是在和敌人短兵相接。他在敌人的屠刀面前毫不示弱,要在精神上压倒敌人。他将衣服整了整,坚定地说,敌人要他说出福建党组织的情况,那是绝对不可能的,除非太阳从西边出来。

曾志是在 1933 年 6 月间才得知陶铸被捕入狱的消息,福州中心市委书记陈之枢造谣陶铸被捕"叛变"。曾志了解陶铸的为人和品性,坚信他是不可能在敌人面前叛变的。党的外围组织反帝大同盟负责人张立,也不相信这个谣传。他说,如果陶铸叛变了,他们福州的党组织必然遭到破坏,此事已过去 20 多天,福州的党组织还是安全的,陶铸叛变是不可能的。曾志把陶铸被捕的消息告诉陶铸的母亲董唐姑,她一直支持儿子干革命,相信儿子的犟脾气,是绝不会在敌人面前屈服的。

面对敌人要他在一张小纸条上写上"从此脱离共产党,不参加任何政治活动"的要求,陶铸以蔑视的眼光,坚定的语气,回答说,他一个字也不能写,永远是共产党员,生是共产党员,死也是共产党员,在上海公安局里,他就对敌人讲得明明白白的了。不管敌人如何诡计多端,陶铸都以一个共产党人正气凛然的无畏气概和宁死不屈的崇高革命气节,与敌人对抗。有个特务说:"如果放你出去,你可相信三民主义?"陶铸以神圣不可侵犯的气概断然回答说:"不,你放我出去,我也还是只相信共产主义,信仰是不可以随意改变的。我不愿意骗你。"①

陶铸被关进南京宪兵司令部拘留所后,他就和狱友肖桂昌等在狱中取得了秘密联系。为了继续开展对敌斗争,他们建立了秘密党支部,陶铸任支部书记。在军法处的伪法庭上,为了维护党和人民的根本利益,捍卫共产主义真理,陶铸大义凛然,面无惧色,和敌人据理力争,针锋相对。面对敌人主审法官的问话,陶铸以无可比拟的精神力量,钢铁般的语言,在军事法庭上宣称,他没被捕前,是为共产主义奋斗,被捕后更要为共产主义奋斗。他说,参加革命,就是为了人民。最先加入国民党,后来加入共产党,是因为他相信共产主义事业必胜,实践证明,他的选择是正确的。如果为着自己多活几天,叛变革命,叛变党和人民,那样的生活是没有意义的。于是,陶铸被判处无期徒刑。但他的意志更加坚定,任凭牢底坐穿,也初心不改。

三、经鄂至辽,战略转移,探索救民之道

(一) 主办"汤池训练班"

1937 年全民族抗战爆发后,陶铸经组织营救出狱,被派往武汉任中共湖北省委常委兼宣传部长。1938 年初,陶铸、郭述申、钱瑛等中共湖北省委领导人,积极协助周恩来、董必武,将许多优秀的党员、团员和进步人士,派到各民众团体中去,派到农村去。董必武同石瑛进一步磋商后,决定用省合作委员会的名义,由李范一出面,共产党派人负责全面服务,在短期内训练几批合作指导员深入农村工作,恢复和建立各县、区党的组织,宣传动员群众和武装群众,为建立抗日游击根据地作好准备。陶铸本想去农村开辟工作,听到董必武要办训练班,便主动向董必武要求承担了这个任务。董必武同周恩来研究决定派陶铸以共产党员公开身份负责领导训练班的工作。在李范一的支持下,训练班的地点定在湖北省应城县汤池,故称汤池合作人员训练班。

---

① 《陶铸文集》编辑组:《笔祭陶铸》,人民出版社 1990 年版,第 148 页。

汤池训练班在武汉招生时,陶铸亲自主持口试,招收的基本都是东北、华北、华东、东南和武汉地区大专院校的青年学生。当时,陶铸年仅29岁,蓄有短胡须。大家尊他"陶先生"或喊他为"陶胡子"。陶铸明确提出,办这个训练班要通过一个多月的短期训练,培养一批爱国青年,一旦日寇占领中国,他们就能武装群众,开展广泛的游击战争。根据陶铸的规定,训练班是参照延安抗大、陕北公学的模式办的,教师和学生同吃、同住、同劳动、同工作,过着艰苦的生活。学习的主要内容有:群众路线、抗日民族统一战线、游击战争、游击战争的战略与战术问题以及合作社业务知识。陶铸说,汤池训练班名义是合作贷款,他们的宗旨是为了在农村广阔土地上,开展游击战争。在学习方法上,采取课堂讲授与课外讨论相结合的方式。讨论的中心议题是,人为什么活着?为什么共产主义必定胜利?怎样为争取这一胜利而战斗?训练班还经常组织他们到附近农村去调查、研究,了解农民的生产和生活情况,帮助农民劳动。训练班深受农民群众的欢迎和称赞。陶铸十分重视训练班党的建设,对党员规定三项任务。李范一感叹地说,汤池训练班这个办法好,有共产党的领导,抗战一定能胜利!他常说,陶铸这个人真了不起,做每件事,都非常认真细致。以前他听说汤池训练班的救国纲领、主张,深表赞同;现在,他亲眼看到共产党人为挽救民族危亡而踏实工作,堪称楷模,感到深受教益。后来汤池训练班遭到反动派的破坏,陶铸也被调离鄂中,在宜昌待命。

(二) 八条枪起家开辟鄂中游击区

1938年10月,武汉沦陷,在此危急关头,陶铸只身返回日寇进攻的鄂中地区,发动群众开展敌后武装抗日斗争。在兵荒马乱之中,陶铸向东奔赴大洪山。到丁家冲时,只有蔡松云带的八条枪和十多个人。蔡松云利用自己父亲是矿商的特殊身份,自己出钱买了八条枪,并以在应城盐矿区经营盐矿业为掩护,开展革命活动。陶铸委任蔡松云为队长,陈秀山为政治指导员,以八条枪起家,开辟鄂中游击区。

由于日寇频繁"扫荡",蔡松云的挺进部队受到重大损失,一些同志的革命积极性受到打击。为了提高人民群众反日寇的积极性和主动性,陶铸鼓励同志们越是在极端困难的情况下越需要意志坚定,一定不要中途妥协退却。在天寒地冻的深夜,陶铸仍不肯休息,他指出:"我们要打主动仗,不能打被动仗,老是挨打不行。我们要打出去,既有分散,又有集中,活动范围扩大一些,打了就走,神出鬼没,让敌人无法摸到我们的底。"①

1938年11月底,党中央派李先念为豫鄂边区党委军事部长,到达鄂中与杨学诚、陶铸会合。部队公开树立新四军旗帜,称鄂豫挺进支队,为新四军第五师的前身。陶铸以埋头苦干的工作作风,贯彻区党委决议,壮大武装力量,大量发展党的组织,开创鄂中抗日新局面。促进了鄂中抗日游击战争的进一步发展。

(三) 遥望延城光万丈

1940年3月,陶铸被选为出席党的七大的代表,离开鄂中敌后游击区,经重庆、西安赴延安。后因七大延期召开,他调中央办公厅党务材料室任副主任。他对工作认真负责,全面搜集、整理和认真阅读党的六大以来的文献资料,为编撰军事文献资料和研究根据地的政策提供有益的借鉴。为了帮助党的高级干部学习和总结六大前后的历史经验,陶铸参与编写了《六大以前党的历史材料》和《六大以来党的历史材料》这两套党的历史文献。在毛泽东、周恩来等中央领导同志的直接指导下,由陶铸负责起草写成的《关于军队政治工作问题》,也是一份具有历史意义的文件。

陶铸工作扎实,注重深入实际。为了总结部队开展政治工作、敌后斗争和群众工作的经验,他深入连队作调查研究。陶铸听取了358旅敌工科关于一个武工队的情况汇报后,非常高兴,他认为这是依靠群众,在敌占区打击敌人

---

① 《陶铸文集》编辑组:《笔祭陶铸》,人民出版社1990年版,第177页。

最好的武装斗争形式。

陶铸在延安的这一时期,用了大量精力仔细研究党的政策,写了不少理论文章,先后发表在延安《解放日报》上,为鼓励军民坚定共产主义理想信念,精诚团结,战胜一切困难,共同抗日,起到了极大的鼓舞和推动作用。

(四) 奔赴沈阳开新局

1945 年,党中央决定从延安调派大批得力干部,到沦陷区去建立新解放区。陶铸和南下部队正行至洛阳附近时接到中央急电,令其停止南下,调头北上,特别强调,日夜兼程进驻沈阳。陶铸接受新的指示,一行十多人,经太行、冀中、冀东越山海关,快马加鞭,直奔沈阳。9 月,中共中央东北局在沈阳成立,陶铸被任命为辽宁省工委书记。11 月,中共中央东北局为尊重中苏条约,力争实现国内和平,决定将我党政军机关撤出沈阳、四平等大中城市,并将辽宁省委一分为二,在辽西组建辽西省委,由陶铸任书记。当时有些干部留恋大城市,陶铸对他们进行了深入细致的思想教育,鼓舞他们斗志昂扬地奔赴农村,去组织这次战略性的工作重点的转移。陶铸对从沈阳撤出的干部幽默地说:"在沈阳的两个半月,忙忙碌碌,饭吃不进,觉睡不好,现在到了农村,饭也吃香了,觉也睡得甜,咱们的家还是在农村啊!"①

1945 年 12 月 28 日,党中央发出具有历史意义的《建立巩固的东北根据地》的指示,1946 年元旦,陶铸在辽西郑家屯召开的省委扩大会议上,全面传达了中央的指示,作了《关于建立辽西民主根据地与发动群众的报告》。报告的中心内容是:建立农村根据地问题、如何深入广泛地发动群众的问题、减租减息的准备工作问题,以及反奸清算、剿匪安民的斗争问题等。他在会上强调指出,创建农村根据地的方针是依靠广大农村与中小城市建立根据地,并进一步强调建立根据地的问题就是发动群众问题,这是解决我们工作中各项困难

---

① 《陶铸文集》编辑组:《笔祭陶铸》,人民出版社 1990 年版,第 192 页。

的中心环节。

1946 年 6 月,辽西省委改为辽吉省委,陶铸任省委书记。同年 6 月 22 日成立辽吉军区,邓华为司令员,陶铸兼任政委。在当时一股"左"的思潮影响下,辽西地区在土改初期曾发生过"左"的偏差,提出过"光、平、保"的口号。光,就是把地主的财产分光;平,就是平分土地。陶铸观察之后,特别强调政策界限的重要性。在这年 7 月 22 日省委发出的《关于分地进一步发动群众的指示》中着重指出:土地方针与苏维埃时期的土地革命没有本质的不同,但须用广泛的民主统一战线与较和缓迂回的斗争策略。斗争对象只限于地主阶级,对于富农土地,只分配其封建剥削部分,严格检查侵犯中农利益的问题,坚决团结百分之九十以上的群众。在此次讲话中,陶铸又强调:"满足于万人大会,不一定叫伟大。""左"并不一定比右好一些。产生"左"的原因是:缺乏团结多数打击少数的政策思想;形式主义简单化,为斗争而斗争,小资产阶级的急性病……后来,在传达中央《纠正土地改革宣传中的"左"倾错误》的指示时,陶铸曾就土改初期提出的"光、平、保"的带有"左"的味道的口号,作了自我批评。当时参加扩大会的地委书记们说:在当时"左"的思潮下,陶铸作为省委书记,掌握得还是比较稳一些。

1946 年 7 月,陶铸又以辽吉省委名义,发出大胆放手地吸收工人、雇农、贫农、士兵、知识青年、妇女入党的指示,并根据斗争形势,对入党条件作了新的概括。即:"三敢"(敢斗争、敢要地、敢武装)、"三不怕"(不怕地主、不怕国民党、不怕死)。在辽吉省委多次指示中,突出强调:必须争取时间,利用空隙,扩大武装,发展民兵并充实主力,建立巩固的根据地。由于国民党的大举进攻,当时辽吉省委已从郑家屯撤至吉林白城子。在白城子召开的一次地、县委书记会议上,陶铸鼓舞大家,不要被气势汹汹的敌人所吓倒,敌人虽然占领了几个城市,没有什么了不起。毛主席早就说过,东方不亮西方亮,黑了南方有北方。辽吉省这么大,可以在敌后,在广大农村发展自己的力量嘛! 要有农村包围城市的必胜信念;要坚持刘少奇同志说的,区不离区,县不离县的敌后游击战争。这期间,为了推动敌后游击战争的开展,在陶铸的主持下,创办了党内刊物《坚持》,意在坚持敌后斗争,争取最后胜利。

在辽吉地区,陶铸几乎每天都在夜以继日地工作,累得肺病复发,大口吐血,同志们都为他的健康担心。组织上几次考虑让曾志留在省委机关工作,便于照顾他。但陶铸考虑开辟新区,缺乏干部,曾志又是久经锻炼的老干部,便拒绝了组织的照顾。所以,曾志一直被分配在对敌斗争边缘地区的一地委任组织部部长。他们唯一的女儿陶斯亮,也被寄养在后方。

1946年2月,秀水河子战斗不久,国民党集中七个师的兵力,并以飞机、火箭炮及各式大炮的猛烈火力,向辽北省四平街全面进犯,郑家屯正处在敌人疯狂进攻的军事要冲,一时黑云压城,形势严峻。压在陶铸身上的担子是可想而知的。但他仍处之泰然,伏案为辽西省委机关报《胜利报》赶写文章。在陶铸身上,不论在任何艰难困苦的斗争环境中都焕发着革命的乐观主义精神。为了粉碎蒋介石妄图以三个月消灭我东北联军的计划,迫使敌人由全面进攻转为防御,陶铸日夜筹划辽吉地区军民支援前线,并指挥各军分区部队,从侧翼向敌人分头进攻,使其首尾难顾。1947年12月中旬,我军发起持续三个月之久的冬季攻势,歼敌十五万六千余人。部队还插入沈阳"东北剿总"大楼,端了敌人的老窝,全歼守敌十三万四千余人。①

在冬季攻势结束后,陶铸就根据东北局提出的东北党的工作重心逐步由乡村向城市转移的指示,结合他调查研究所掌握的情况,提出从当时起就要准备接收大城市。正当陶铸全力投入沈阳城市接管时,1949年1月,他被任命为东北野战军(四野)政治部副主任,告别沈阳,随军挥戈南下,投入平津战役。

1945年9月从延安到沈阳,直至1948年辽沈战役胜利结束,挥戈进关,在东北三年解放战争中,陶铸先后担任辽宁、辽西、辽吉省委书记和东北野战

---

① 《陶铸文集》编辑组:《笔祭陶铸》,人民出版社1990年版,第202页。

军第七纵队政委。他最先贯彻中央关于"让开大路,占领两厢"的政策,深入农村,发动人民群众,开展清匪反霸,建立巩固的农村革命根据地。同时,发展生产,保障野战军的大量供给。积极配合主力作战,以坚定的勇气和信心,机智勇敢地开辟革命形势大发展的新局面。

1919—1949 年是新民主主义革命时期,无产阶级开始登上政治舞台。1921 年 7 月,中国共产党成立,制订了中国革命的最高纲领。陶铸 16 岁到武汉,逐渐走上革命道路。这是陶铸民本观萌发阶段。

第二节 陶铸民本观的发展阶段:社会主义革命时期——剿匪、土改惠民与"大跃进"伤农

从 1949 年新中国成立到 1956 年社会主义改造基本完成这一阶段,是陶铸民本观的发展阶段。在这一阶段,陶铸贯彻落实党中央的战略决策,为抗美援朝战争奠定巩固的后方,加快推进广西剿匪进程,在半年内完成剿匪任务。接着又赶赴广东,强力推进广东省的土改,出色完成了广东土改的任务。这一时期,在推进广东土改的过程中,也出现了一些脱离实际的思想方法,"反地方主义"扩大化和"大跃进"伤农,陶铸民本观处于曲折发展阶段。

一、陶铸推进广西剿匪惠民

(一) 奉命赴桂,打一场剿匪的人民战争

1950 年,陶铸调任中共广西省委代理书记,领导肃清国民党残余武装力量和土匪斗争。新中国成立后,广西匪患严重,形成了匪首、恶霸的反动势力,对人民进行暗杀恐怖活动。过去剿匪时,政策曾"宽大无边",抓了又放,群众不敢举报,剿匪进展缓慢。

11月下旬,陶铸从武昌乘火车南下,在长沙看望了湖南省委第一书记,到达桂林和柳州时,听取关于广西情况的汇报,为广西剿匪的决策做好准备。陶铸离开柳州时,当地驻军增派了一个加强排,车顶上架上两挺轻机关枪,武装护送他到南宁。他一路思考,怎样按照党中央的要求,在半年之内彻底把压在南疆边陲上的这块石头砸掉? 经认真调查研究,逐渐形成了一个完整的清剿方案。

(二) 坐镇广西剿匪,大获全胜

到达广西省会南宁后,来不及安顿,陶铸就立即会见当时主持广西工作的党政军负责同志张云逸等,传达中央和中南局的指示。结合对剿匪情况进行的调查研究,陶铸听取汇报,召集营团的干部座谈,还直接找连队的战士了解情况,听取基层的意见和要求。去医院看望伤病员时,一位敢讲真话的伤员气得从病床上坐起来,批评领导剿匪不力,宽大无边。

陶铸首先抓政策,贯彻"镇压宽大与以匪制匪"的方针,坚定地纠正广西在剿匪中政策上的"宽大无边"。他在加快剿匪速度和提高剿匪质量的问题上进行深入思考,动员和发动人民群众进行全方位剿匪反霸,组成武装捕捉队、飞行组,形成高压态势。而宽大就应该是真正的宽大,凡投降自首的,就必须以投降自首待遇政策办。大刀阔斧地工作,严厉打击首恶。同时将剿匪与土改工作结合起来。

陶铸紧紧抓住主要矛盾,组织重点进剿,集中兵力,围剿盘踞在大瑶山和十万大山一带的大股残匪。同时,正确执行镇压与宽大相结合的政策,严厉打击首恶、瓦解争取大量一般分子。并且加强发动群众的工作。这三项工作,互相配合,互相推动,广西的工作局面一天天好转。

陶铸深知,打仗光靠指挥员还不够,还需要战士们积极配合、全程参与。进入广西剿匪的,多是东北、华北南下的部队,他们对南方的气候、饮食以及山地作战等还有个适应的过程。为了了解具体情况,陶铸深入到担负剿匪任务的四十五军的一个连队了解情况。他一下去就蹲点一个星期,和战士们共同生活,一起谈心,了解他们的所思、所想和所盼。通过观察,了解到这个连队的战士思想很稳定。接着,他便长途跋涉,亲临剿匪前线,现场处理剿匪中遇到的复杂问题。

陶铸认为,要全力推进广西剿匪,必须要依靠人民群众,人民是主体,党的一切工作都是为了人民,为人民谋利益,对人民尽责任。他坚持"从群众中来,到群众中去"的群众路线,制定标语、口号,加大宣传力度,既践行党的政策,又提出目标要求。此举承载着党和政府的权威和公信力,必须不折不扣地实行,才能把群众发动起来,成为强大力量的源泉。宣传绝不是多余的装饰品,表现的是一个政党对人民的责任心,是它的政治形象的展示,我们要一直警惕地把脱离群众看成是一种危险的倾向,共产党人不是什么"父母官",人民才是我们的衣食父母。他利用大规模减租退押的斗争,提高农民的阶级觉悟,向地主阶级进行土改的大决斗。

1951年"五一"劳动节当天,南宁市举行了数万人的庆祝剿匪胜利大会,以此为转折,广西进入了全面土改和国民经济恢复时期。11月,陶铸结束了在广西一年的工作,向中央汇报后,返回中南局。刚到武汉,就接到中央电令,调广州工作。

二、推动广东土改惠民

陶铸完成广西剿匪后,中央就调他到华南分局负责广东的土改工作,他把土改作为"压倒一切"的中心工作。在实践中加快推进,为全省的农业和工业发展奠定了坚实的基础。

(一)强力推动土改

在暴风骤雨的土地改革中,强力推进土改。广东省解放初期,省内约有100多股土匪。从1950年3月到8月,全省歼匪12万,肃清了反革命残余势力,为广东全省新建立的人民政权的进一步巩固、顺利开展土地改革和经济建设,打下了坚实的基础。在当时国际国内尖锐复杂的斗争形势下,广东面临的一个重要任务,就是如何放手发动群众,加快农村土地改革;在城市进行民主改革运动,从政治上、经济上完成民主改革的任务,在中国的南大门建立起革命的新秩序,为粉碎帝国主义的外来侵略和迎接即将到来的大规模经济建设创造条件。

1950 年 10 月 8 日,中共中央作出抗美援朝保家卫国的决策,毛泽东根据朝鲜战争爆发后的国际国内形势,11 月中旬给华南分局发来电报,要求广东的土地改革加快进度,扩大土改面。1951 年 4 月,华南分局召开扩大会议,根据中共中央的指示,提出广东需要有一个大规模的轰轰烈烈的农民运动,提出了依靠大军,依靠南下干部,由大军、南下干部挂帅的方针。

1951 年 11 月,陶铸刚回到武汉就接到中央命令,调其前往广州华南分局负责广东的土改工作。有人比喻陶铸像一辆坦克,惯于以勇猛的拼劲冲锋陷阵,去摧毁敌人最顽强的堡垒。有好几项最艰巨的困难任务,毛泽东都把陶铸调去当"尖刀连"使用。广西剿匪进展缓慢,打不开局面,毛泽东派陶铸去坐镇指挥,限期完成剿匪任务。陶铸从广西刚回武汉,又接受毛泽东下达的新任务,南下广东,领导土地改革,向 2000 多年封建统治的经济基础,做猛烈的摧毁性的冲击。陶铸于 1951 年 12 月中旬到达广州。12 月 25 日就接到中共中央电令,任命陶铸为中共中央华南分局第四书记兼中国人民解放军华南军区第二政委(第一政委谭政)。

陶铸十分敬重叶剑英。他来到广州,最先就住在叶剑英家。他来没几天,就参加分局扩大会议,叶剑英在会上传达了中央的决定:中央派陶铸同志来主抓土改工作。从此之后,广东的土改由陶铸负责。陶铸采取一系列组织措施把土地改革作为中心工作,同时更坚决地贯彻依靠大军,依靠南下干部,在全省成立几个区党委,以地区为中心,放手发动群众,在广东全面开展土地改革运动。

陶铸为贯彻毛泽东的指示，全力投入领导土改运动，集中全省 50% 的干部投身土地改革运动，实行扎根串连，重新组织阶级队伍。到 1952 年底，全省土改已基本跟上全国的步伐。1953 年 4 月 18 日，广东省人民政府发出布告，宣告全省土地改革胜利完成。

（二）全力转向生产

在广东全省完成土地改革的同时，1953 年 4 月 14 日，陶铸在华南分局扩大会议上总结土改工作时就不失时机地提出"胜利完成土改，全力转向生产"的号召。他说，土改的目的就是要摧毁旧的封建的生产关系，建立一个新的生产关系，即摧毁地主阶级的土地所有制，建立农民的土地所有制。有了这样一个前提，他们就有条件全力来搞生产了。陶铸进一步提出："由土地改革转变到发展生产的关键在什么地方？"他解释道，农民们虽然分得了土地，但他们还没有确确实实感觉到这块土地是自己的，自己要从这块土地上取得一切生产与生活资料，使生活一天天地变好。更由于他们在财经工作以及公粮负担上有偏差，更使农民们对勤劳致富还有怀疑，他们的眼睛不是望着自己的土地，而是望着救济，幻想着或恐惧着"吃大锅饭"，还顾虑自己生产好了会"冒尖"，怕再来次革命。

陶铸以他一贯的干劲和调查研究的工作作风，深入农民，调查农村土改后面临的新情况新问题。他想到了土改后农民家底很薄，为了搞好生产，他亲自主持解决农村生产中存在的困难，各地区统筹安排解决春耕到夏收前农民的口粮问题，以及农具、畜力缺乏等具体问题。农民有了土地，生产积极性大大提高。1952 年全省粮食产量就增长到 854.3 万吨，比 1949 年增长 18%。1953 年粮食产量达到 930.3 万吨，比 1952 年又有增长。①

---

① 《陶铸文集》编辑组：《笔祭陶铸》，人民出版社 1990 年版，第 228 页。

三、陶铸民本观的曲折发展阶段

陶铸民本观在发展的过程中并不是一帆风顺。到广州工作后,由于他在推动土改的过程中操之过急,导致"反地方主义"扩大化,一些地方干部受到错误批判;1957 年在"大跃进"运动中,浮夸风、"放卫星"、"反瞒产"等"左"倾错误思想蔓延。但事后陶铸提出纠正"左"的错误,主动承担责任,恢复党的实事求是的思想路线。这一阶段也是陶铸民本观曲折发展阶段。

(一)广东"反地方主义"扩大化

1952 年 6 月 14 日,毛泽东在北京主持召开广东问题的小型会议,研究广东的土改问题,叶剑英、陶铸、方方和中南局邓子恢四人参加。毛泽东在这次小型会议上就点名批评方方"土改一开始就犯了右倾的错误",并第一次提出方方"搞地方主义"。会上,毛泽东对华南分局的领导班子进行了重新分工:叶剑英主管全面工作,陶铸主管党委和土改工作,方方主管行政工作,谭政主管军队工作。1952 年 6 月 30 日至 7 月 6 日,根据中共中央指示,华南分局召开扩大会议,在领导层批判土改中的右倾和方方的"地方主义"。然而,随后在反右扩大化中,也出现广东"反地方主义"扩大化,一批地方干部受到批判、处分。

陶铸对党中央和毛泽东的指示都坚决执行,他发现工作中的偏差,也勇于主动承担责任,认真纠正,从不掩饰。在 1953 年 2 月 24 日给中共中央的报告中,他坦率地检查领导广东土改中存在的一些缺点。主要是:土改全面开展后,"搞得确是比较粗糙","团结面不够广",问题较突出。

(二)在"大跃进"运动中浮夸风、"反瞒产"

1957 年 10 月,毛泽东同志批评了 1956 年下半年的反冒进,提出要多快好省地建设社会主义。由于反右派斗争扩大化,反右倾不断加温,言路被堵塞。加上对第一个五年计划所取得成就的盲目乐观，片面夸大主观能动作用，违反客观经济规律的"左"的思想急剧膨胀起来，并迅速延伸到经济领域。在"大跃进"运动中，广东和全国大多数城市一样，以高指标、瞎指挥、浮夸风和"共产风"为主要标志的"左"倾错误严重泛滥。当时最突出的，就是在全民大炼钢铁和人为制造的农业产量上，人们头脑发热到竞相比赛"放卫星"。

陶铸是个实干家，一向重视调查研究，实事求是。在"大跃进"开头，他的头脑还是冷静的。由于熟悉生产，心里装着生产；他不会炼钢铁，但种田是他的本行，广东一年二季稻，亩产多少，他心里一清二楚。他最初看到报纸上用特大套红的标题，登出某省某县亩产千斤、万斤的高产"卫星"，就不以为然，对秘书说，田里的稻子不是凭脑子一热就能长出来的，怎么可能亩产千斤呢？1958 年 7 月在中南五省农业协作会议上，各兄弟省之间互相攀比增产指标的情况相当严重，其中尤以河南提出的高指标最为"惊人"。在五省的协作会上一攀比，广东在追求高指标上，明显"落后"了。

陶铸在全国"大跃进"运动的高潮中，受到周围环境和片面夸大主观能动性的政治气氛的影响，他一向冷静的头脑就再也不能冷静了，在有全省干部参加的中山纪念堂会议上，陶铸号召农民"放开肚皮吃三顿干饭不要钱"。他说，现在他们手上的粮食，已经多到没有地方放了。随之在广东兴起了高估产、高征购和取消自留地，搞共产主义的"穷过渡"，刚刚获得解放的农民又陷入大饥荒之中，农民忍饥挨饿，生产停滞，农村出现一片荒凉景象。浮夸风破坏了正常的生产秩序，特别是到了 1959 年春，广东农村普遍开展了"反瞒产"运动，造成超越农民承受能力的高征购，"左"的思想不断加温，有些地方甚至还采取了干部不报高产量，就不让回家过春节的粗暴做法。"反瞒产"运动，不仅助长了浮夸风，而且给农村粮食安排带来了很大困难。

在"左"的指导思想下，陶铸也紧跟"左"，做了一些过头事，说过一些过头话。但"左"了一段时间之后，他日益感到全民大炼钢铁、农业"放卫星"以及人民公社的"大食堂"给国民经济发展带来了危机。在大炼钢铁时，陶铸怀疑,钢铁要是这么炼出来的,不用建钢厂,他也能炼。陶铸的生产观点很强,特别重视林业,当他看到群众在土高炉里大炼钢铁,成群结队的人马上山对林木乱砍滥伐,感到异常痛心。因此,广东对大炼钢铁不那么积极。一位中央领导同志还打来电话催问陶铸:为什么广东大炼钢铁放不出卫星来? 1958 年 11 月 3 日,广东省委钢铁总指挥部就宣布:11 月 1 日这一天,全省就炼出生铁 87.7612 万吨,另炼出烧结铁、海绵铁 116.8651 万吨,合计 204.6263 万吨,仅这一天,便"大大超额完成"全年生产计划。后来经过科学验证,在 1958 年大炼钢铁运动中,全省动员了 50%的劳动力投入炼钢炼铁,合格的钢铁产量,实际只有 4.2 万吨。①

令人失望的是,1958 年广东全省粮食产量只有 1053.4 万吨,比 1957 年下降了 35.6%。粮食减产,又大办农村食堂,强行吃三顿干饭,吃了两三个月,仅此一项,每年就多吃粮食一二十亿公斤。浮夸风的恶果逐渐显现。陶铸在党内素有敢于讲直话、讲真话的评价。1959 年,陶铸看到工农业面临的严重问题,就首先向党中央和毛泽东作了书面检讨,认为他在 1958 年领导广东工作中,"估产高了,用粮多了,战线长了"。毛泽东在 1959 年 3 月,先后几次用《党内通讯》形式,向共产党各级干部发出指示,提出"干劲一定要有,假话一定不可讲",强调要纠正"共产风",提倡实事求是,纠正"左"的错误。毛泽东把陶铸和王任重给中央的情况反映及自我检讨印发全国并批示说,早在 1959 年初,就有两个省向中央做了检讨,这两个省就是广东、湖北。表扬陶铸、王任重敢于向中央反映真实情况,敢说真话,勇于承担领导责任。陶铸说,我们要的是富裕、欢乐的社会主义,决不搞贫穷、烦恼的社会主义。

为掌握第一手资料,陶铸来到他的家乡祁阳县进行调查。一到祁阳,他顾不上休息,就深入石门公社石峰大队的四个生产队,去看他们的公共食堂。陶铸问社员,吃公共食堂方便不方便? 当时在场的农民看到陪同来的都是省里、

_____

① 《陶铸文集》编辑组:《笔祭陶铸》,人民出版社 1990 年版,第 262 页。

县里的书记,都回答说:"方便啰!"陶铸笑着说:"怎么？你们对我这个祁阳老乡,还不敢讲真话?"社员们一看陶铸这么亲近随和,你一言,我一语的就说开了。有的说,早先敞开肚皮吃,吃饱了,睡懒觉。现在公共食堂快连清汤稀饭也喝不上了,哪还想到潲水喂猪喽!①

在那段时期,陶铸的思想深处经历着一个新的深刻的斗争。他反复思索一个问题,号召农民吃三顿干饭不要钱是否合理。在潮州的万人大会上,他首先向群众做公开检讨。在那之后,他在党内外三番五次进行公开自我批评,并指示报纸编辑部,要敢于揭露政府工作中的缺点、错误,多刊登一些群众的议论,把群众搞乱了的思想,重新尽快地统一到党的正确路线上来。

此后,陶铸在多次会议上,都以在"大跃进"运动中的教训阐述"左"倾蛮干的思想根源,一再强调坚持实事求是的原则。

(三)　在"左"倾错误路线下力争平反冤假错案

对反右扩大化,陶铸已深深意识到这是一种不幸。他反对将人说成是"摘帽右派"。陶铸对人的态度一向是宽容的,认为只要改正错误就是好同志,不会再给这些人增加心理负担。1952年6月14日,毛泽东出于国际国内形势的考虑,希望广东赶上或超过全国土改速度,广东省现有领导应在思想上更加重视,不能怠慢。在海南,有人抓住冯白驹的个人问题,批判冯白驹"地方主义"错误。这样,就打击了党内有不同意见的同志,造成了不良后果。事后,陶铸对此开展了自我批评,为伤害了一些老同志深感不安。

为消除隔阂,加强党的团结,1956年冬,陶铸率领省委一些领导专程赶到海南岛去,召开了一个团结的大会,缓和了矛盾。1959年,陶铸原计划和冯白驹一同参加庐山会议,不料冯白驹突发心肌梗塞,无法与会,他指示全力抢救,等治疗好后再返回庐山参加会议,并没有轻慢曾经犯过错误的同志。

---

① 《陶铸文集》编辑组:《笔祭陶铸》,人民出版社1990年版,第264页。

庐山会议,由于暴风骤雨式的斗争,一些敢于直言并忠诚党的事业的干部却受到错误批判和处分。陶铸认为被错误处分的干部应当得到平反,1961年中央复查纠正的指示一下达,陶铸就第一个响应。为了更好地贯彻党的方针政策,他一定要对处分错了的干部进行平反,并在党的三级会议上做自我批评。1961年7月6日,陶铸在广东省委三级干部会议上发扬民主,并做了重要发言。他说,"大跃进"以来,全省开展"反右倾"斗争扩大化,使党的民主制度受到了伤害,要在政策上予以纠正。同时,在组织上要发扬党的民主,凡是被处分错了的同志,有权申诉,党组织要允许他们申诉。1962年,党中央在北戴河举行了八届十中全会,毛泽东认为,社会上出现了资产阶级,必须组织无产阶级队伍打退资产阶级的猖狂进攻。阶级斗争一上弦,平反冤假错案也就停止了。

1952年至1960年,陶铸民本观在发展过程中受到大气候的影响,也走过一些弯路。如1952年在推动广东土改过程中犯了"反地方主义"扩大化的错误,1957年在"大跃进"运动中竞相"放卫星",1959年开展"反瞒产"运动,等等,但事后能纠正错误,主动承担责任,力争平反冤假错案,这是陶铸民本观曲折发展时期。

第三节　陶铸民本观的成熟阶段:社会主义建设时期——推进工作富民

从社会主义改造完成到1966年"文化大革命"前夕,是陶铸民本观的成熟阶段。这一阶段,陶铸担任广东省委第一书记、中共中央中南局第一书记,全面贯彻党中央的决策部署,在中南局和广东省开辟了社会主义建设的新局面。1959年,陶铸发表了四篇理论文章,即《领导干部的几个工作方法问题》《调查研究与一切经过试验》《太阳的光辉》《革命的坚定性》,论述了调查研究工作的重要性,并最早为知识分子"脱帽加冕"。

一、重视工农业生产,搞活经济惠民

土改完成后,陶铸积极投入建设祖国的南大门的工作中,华南分局制定了广东省第一个五年计划,调整了工作重心。此外,陶铸对新闻宣传工作非常重视,对文化事业也非常关心,最早为知识分子"脱帽加冕"。

(一) 把祖国的南大门建设得更美丽

在繁忙的工作中,把广州建设成祖国美丽的南大门的设想就时时装在陶铸心中。他同广州市委书记王德非常熟悉,他们在厦门劫狱时都是领导成员。陶铸曾笑着对王德说,不要只顾抓工业、商业,还要把市容市貌改善,要修好公路,建好花园,让海外华侨一踏进祖国的南大门,就看到祖国的新气象。新中国成立初期,由于经费紧张,市委连修路和建街心花园的钱都拿不出,群众对市容不满意。陶铸关心群众生活,不仅关心群众的衣食住行,对如何搞好广州市的城市建设也十分上心。他经过周密的调查研究,主张在广州修建建湖、流花湖等七个公园。当时劳动力不足,陶铸就发动干部搞义务劳动,将臭水沟和沼泽地的淤泥都挖出来,干部和群众一起挑运淤泥。为了解决珠江两岸的水上居民生活困难,陶铸请设计人员为水上渔民建造住宅。广州人口多,蔬菜供应紧张,陶铸还经常深入产地研究,提出要让市民每天吃到新鲜蔬菜。为了广州的蔬菜生产,他专门调来两位有经验的干部管理蔬菜生产,并建议广州市委设立一个专管蔬菜的部门。

(二) 广州工业建设的设计师

新中国成立初期,广州市工业基础十分薄弱,基本上是一个消费城市。当时,对如何建设好广州,有两种不同意见:一种认为,广州不宜大搞工业建设,只能搞点手工业生产;另一种认为,应当抓紧时机加速工业建设,把广州从一个消费城市变为工业城市,两种意见一时统一不起来。后来请示陶铸,他详细地询问了各方的看法。果断地支持了后一种意见,说只要有三四年时间不打仗,他们就可以把工厂盖起来,并生产出成品,赚回成本,活跃国民经济。并指示,广州市应该建设成为以轻工业为主,又有一定重工业和交通运输业的城市。为此,他决定扩建广州重型机器厂、新建广州氮肥厂、广州钢铁厂等一批重工业工厂。扩建广州重型机器厂要生产大型的设备,需要有 2000 吨以上的水压机,这种机器当时我国只有三台,陶铸亲自同中央有关部门联系,并成功申请到一台。陶铸十分关注海南岛雄厚的天然橡胶资源,他到广州的第二年,就向中财委建议,在广州设立天然橡胶研究院,立即得到陈云同志的赞同。

广东是甘蔗的主要产区,本应是生产食糖的主要基地,但当时整个广东省只有两个小糖厂,一个是华侨糖厂,一个是顺德糖厂。陶铸从广东的地理气候优势出发,1954 年 1 月,他亲拟电稿请示中央,要求中央农村工作部批准广东扩大种甘蔗面积 50 万亩,并希望计委投资在广东再新建两个糖厂。当年陶铸发展广东食糖的决策,为今天广东制糖工业的大发展奠定了基础。

广州的重工业,在新中国成立前毫无基础,在国民经济恢复时期,只能抓几个重点企业,在需要和可能的条件下,为广州长远的工业建设打下一个基础。陶铸从实际出发,连续几年,在全省以县为单位,大抓"五小"工业,即小五金、小化肥、小水泥、小电力、小水利,并大小结合,在湛江开辟了一条长 85 公里的"青年运河";把广州原来仅有几十个人的小型纺织加工厂,扩建成三个大的纺织厂。他还亲自给中央写报告,批准在广州建设一个造纸厂。当年和陶铸在一起工作的广州老同志,都满怀深情地说:陶铸是广州工业建设的设计师。

20 世纪 60 年代初,我国国民经济发展遇到了暂时困难,党中央提出了"调整、巩固、充实、提高"的八字方针,决定对国民经济实行调整。广州市在"大跃进"期间新办的一批轻工企业,如自行车、照相机、手表厂和油脂化工厂、保温瓶厂等,刚建成不久,在调整中是保留下来还是撤掉?陶铸亲自调查研究做出决策。他说,中央的指示必须坚决贯彻,但"大跃进"运动中浮夸风的深刻教训必须认真吸取。教训的最根本点就是要坚持共产党实事求是的作风，不能听到风就是雨，一哄而上，一哄而下，这个亏吃够了。广东工业落后面貌要改变，要对广东的人民负责，对后代负责。发展轻工业的方针不能丢，好不容易建设起来的几个轻工业骨干工厂不能砍。于是，他拍板定案，决定保留这批工厂，如今这批企业大都发展成为广州市重要的轻工企业。

（三）果断作出以农业为重点的决策

国民经济恢复时期结束了，全国出现了以工业为重点的发展势头。广东怎么办？陶铸经过调查研究，果断做出了广东以发展农业为主的决策，并写出了令人信服的广东以农业为重点的专题报告。他认为有三点依据：第一，从气候上说，广东属于亚热带季风气候，有助于农作物的生长，发展好农业有得天独厚的条件；第二，农业是基础，广东有良好的轻工业生产，发展好农业为轻工业生产提供保障；第三，农业兴则百业兴，农业发展了，人民生活改善了，为广东基础事业的发展起着决定性作用。这一决策做出后，不但解决了广东的粮食自给，还给外省外调粮食十亿多斤。为了抓好农业生产，陶铸经常下乡调研，一年有三四个月的时间深入山区、海岛，到农业生产第一线，了解实情，作出指示。1956 年 8 月，他到揭阳县棋盘寮农业生产合作社检查工作，看到社员们正在搞旱田坡地水利化，陶铸对他们克服困难，因地制宜，多种经营非常满意，做出了高度评价。还表示他们要进一步发展坡地水利化，将派技术员来规划一下。1958 年 7 月，当陶铸第二次去棋盘寮检查工作时，看到一片丰收的景象，十分欣喜。陶铸到湛江地区的电白县（今属茂名市辖区）检查工作时，了解到该县风沙多，水土流失严重，遂要求他们发动群众植树造林，兴修水利，农业来了个大翻身。同年，陶铸到潮汕一带，发现两位青年农民研究了一种抵抗自然灾害又不倒伏的"矮脚南特"水稻，他感到非常兴奋，称其是"泥巴秀才"。他以高度的热情，表彰了这两位青年农民钻研农业技术，科学种田的先进事迹。

1958 年春,陶铸与广东省省长至海陵岛检查工作,看到岛上农民改天换地,征服自然,非常高兴。在中共中央提出党的过渡时期总路线的指引下,广东人民经过艰苦奋斗,提前完成了第一个五年计划,国民经济有了较大发展。1957 年全省粮食总产量达到 1089 万吨,增加 235 万吨,平均每年粮食增产5%。不仅实现了粮食自给,还根据国家需要,完成了一些调出任务。

广东的经济作物产量增长很快,产量都超过新中国成立前最高水平。在新中国成立前热带作物几乎是空白,到 1957 年,海南、湛江地区已成为生产橡胶和香料、油料、纤维以及咖啡的基地。全省职工平均工资提高到 528 元,提高了 64%。

二、重视宣传文化,爱惜人才利民

(一) 热情宣传社会主义的英雄

陶铸历来重视宣传工作,在革命战争年代,他就亲自抓报纸和文艺,鼓舞士气,团结人民,战胜敌人。他把报纸和文艺视为对敌斗争的一个方面军,也像抓革命根据地一样,在思想文化战线上建设起马列主义的革命根据地。

陶铸认为,革命导师的传记是值得人们阅读的,研究他们的传记,是接受共产主义教育的重要阶段。人们开始接受马克思主义的教育,最好从马克思主义的传记入手,这是认识和掌握马列主义的捷径。但为工、农、兵、青年朋友们着想,先看一些马克思、恩格斯、列宁、斯大林等生平事业方面的故事,比较容易接受。读革命导师的故事,目的就是要改造人们的思想,改善人们的工作作风与工作方法,改造人们的学习。为达此目的,陶铸于 1950 年至 1953 年陆续编写出版了"革命老师故事"系列图书,如《马克思故事》(1950)、《恩格斯故事》(1950),以及《金日成故事》(1951)、《列宁故事》(1951)、《胡志明故事》(1951)、《斯大林故事》(1953),等等。上述图书均是陶铸编写,丁浩绘图,由上海通俗文化出版社出版。从这些故事中,人们可以读到革命导师的一生,他们从年轻时候起,就把自己的一切毫无保留地、完全献给工人阶级的事业,为工人阶级的利益而斗争,为劳动大众的利益而斗争。

陶铸在华南分局宣传工作会议上,作了关于宣传工作的重要讲话。他说,大家都知道,宣传工作是很重要的。中国革命之所以能胜利,首先是因为有了马克思列宁主义的革命理论。……目前的经济建设没有文化建设的配合,也是搞不好的。关于报纸工作,他说:"目前,报纸最需要做好的有两点:第一,是联系实际,多登载群众的创造典型,更有力地来推动工作;第二,是加强批评,要敢于与一些违法乱纪现象和各种落后倾向作斗争,力求从各方面来改进我们的工作。"①1957 年 4 月 17 日,陶铸又在广东省委宣传工作会议上进一步提出,党的报纸要宣传成绩,也要揭露缺点。陶铸接着说,现在政府的报纸不能适应新情况,也就是说,报纸充分反映群众的思想情绪、要求,成为群众的喉舌很不够。报纸在肯定成绩时要揭露缺点,展开批评。如果报纸不揭露工作缺点,不展开批评就没有力量。对"趣味性",陶铸也提出了自己的见解。

为了办好一张富有趣味性、知识性,与群众生活息息相关、为群众所喜闻乐看的报纸,在陶铸的倡议和亲自规划下,1957 年 10 月,《羊城晚报》在广州创办。陶铸对这份报纸倾注大量心血,不管政务如何繁忙,都经常亲自过问。

(二) 对文化事业异常关心

1951 年,陶铸调到广州工作办的第一件事,就是在中山纪念堂附近盖起了一座在当时来说是颇具规模的科学馆。随后筹建的珠江电影制片厂,也是陶铸亲自决定、亲自过问的。1956 年,老作家欧阳山正埋头创作他的长篇巨著《一代风波》,陶铸特地找到他,对他说,外面热火朝天地进行大规模社会主义建设,你却关在屋里埋头写小说,不如下去走走,呼吸一下新鲜空气,感受一下群众的脉搏。陶铸带着欧阳山在曲江县(今为广东省韶关市下辖区)白土

---

① 本书编辑委员会编:《陶铸文集》,人民出版社 1987 年版,第 62 页。

合作社住了一个星期,白天和社员一起下地,和农民谈天,搞调查研究,晚上回来,陶铸就和欧阳山等轮流洗米洗菜做饭。回到广州之后,欧阳山就写了一篇题为《白土之役》的文章,介绍白土公社怎样搞好经营管理的经验。文章有1万多字,在《南方日报》上登了一大版。陶铸看后十分高兴,对欧阳山说,若不下去,哪能写出这篇好文章?

陶铸在广州文艺界学习会上讲话中,对文艺和作家的社会责任给予了高度的评价,同时,他也表示最近走了几个地方,看了几次文工团的演出,大致都是那么几个节目,并且这些演出中缺少和人民群众的生活紧密结合的、深刻反映现实的东西,而这些正是人民群众最需要的。因为只有从生活中提炼出来的东西,对群众才更有现实教育意义。接着陶铸提出,当下人民的要求是那么迫切,而作家的作品却出现"供不应求"的情况,在他看来这是一种危机。那么,是什么原因造成文艺作品的"供不应求"呢?陶铸向作家们坦诚发问,在他看来最主要的原因还是作家深入生活不够。人民生活是一切文学艺术的取之不尽用之不竭的唯一源泉。作家们要了解并描写那些先进的人,要描写人民群众崇高和伟大的灵魂,首先自己就要成为一个有着崇高和伟大的灵魂的人。陶铸明确提出,今后作家与作家协会的工作做得好与不好,就是要看创作出来的作品质量如何,这是唯一的衡量工作好坏的标准。时至今日,陶铸这番讲话仍有十分贴切的现实意义。

在思想上、创作上,陶铸对作家推心置腹,严格要求;在生活上,他也给予力所能及的关怀照顾。20世纪50年代,国家还处在恢复时期,经济比较困难,为了给作家提供创作条件,他拍板拨款,在广州为作家建起了几幢创作办公楼。他很尊重广东的文化,特批用文教事业的盈利,集结广东著名画家的精品,利用当时在世界上也算是第一流的精美印刷技术,出版了《广东名画家选集》。

(三)尊重人才、爱惜人才

在广东,陶铸有许多高级知识分子的朋友,如杜国庠、陈寅恪、陈耀真、毛文书、蒲蛰龙等,都是他的知交,他经常亲自登门求教,促膝谈心。这些知名学者、作家、艺术家等,也经常是陶铸家的座上客。中山大学教授陈寅恪,是位著名的史学家和文学家,他的学术成就不但在全国,就是在国际上也是享有盛名的。北平和平解放前夕,陈寅恪被胡适和傅斯年强催南下,当时广州尚未解放,傅斯年屡次催他赴台,他一口回绝。陶铸对他非常尊重,也非常关心,特地送他一台飞利浦收音机,以表示他对知识分子的关心。陈寅恪身体不好,眼睛近乎失明,只能看到一些极为微弱的光。陶铸亲自过问,派一名护士照顾,需要什么进口的药物想方设法也要供应。并在住宅门口修建一条白色的路,使陈寅恪依稀可以看到一些路影散步。一些人认为对陈寅恪的照顾太"过分"了,陶铸听到后,就公开在会上批评说:"你如果有陈寅恪这样的本事,我照样给你这样的待遇。"

(四) 较早为知识分子"脱帽加冕"

1954年担任陶铸秘书的江林,南开大学毕业就参加南下工作团,善写一手漂亮的散文,笔名"林遐"。1955年肃反时,他被关在东莞隔离审查,陶铸对此很有意见。有一次,见到他早先的秘书宋群,谈到江林,陶铸气愤地说,一点历史问题,怎么就抓住搞得没有个完? 在陶铸的直接过问下,江林的"问题"才很快得到澄清。广州中山大学著名经史学家容庚,在反右中挨了批判,下放东莞农村劳动,陶铸去检察工作时,还专程去容庚教授下放劳动的生产队去看望他,嘘寒问暖,亲切和老教授谈心。容庚对陶铸的探望异常感动。在那段特殊的年月,对于一个挨批的人,旁人碰到都侧目相视,省委第一书记还不避嫌,亲自去看望,对经历过世事沧桑的老教授来说,这是雪中送炭,寒夜暖人心啊!

1961年10月11日,陶铸在中南区高级知识分子座谈会上作了重要讲话。为了建设社会主义事业,必须要让知识分子充分发挥作用。可在当时的环境下,不重视知识分子,还叫他们是"资产阶级知识分子"。陶铸建议,今后不要再叫资产阶级知识分子了,他们就是社会主义知识分子,在中南地区不必再用"资产阶级知识分子"这个名词。一个人有什么缺点,说清楚就行了,不要帽子满天飞。陶铸以共产党人的远见卓识,第一次为知识分子"脱帽加冕"了。

陶铸还以亲身的经历,严厉批判"左"的思想。他明确而坚定地说,今后的思想斗争不能采取粗暴的办法,只能采取交心、恳谈、切磋的办法,不要搞运动。他把知识分子称为"患难之交"。他说:"旧社会给我们留下来的最大财富,是一大批高级知识分子。中国的高级知识分子都有爱国心。有的人在解放前就开始同共产党合作了,他们有的人在过去就直接间接参加过革命斗争。在正常的、顺利的情况下,喊口号容易,在困难的情况下,坚定不移是难得的。道理很简单,因为跟着共产党走,你说是为名吧又没有名,为利吧猪肉也没有吃的,但还是拼命干,为什么呢? 就是一个大的目标:大家希望把国家搞好。粮食不够,猪肉没有吃的还在拼命干,这还不是拥护么? 什么叫政治坚定呢?就是在他们困难的时候能够站得稳,这就是'疾风知劲草,寒霜识磐松。'"①

三、重视经济调整,心系群众惜民

(一) 及时纠正偏差,努力调整国民经济

当一阵头脑发热冷却下来之后,陶铸十分忧虑地看到,在国民经济特别是工业基础十分薄弱的情况下发动的"大跃进"运动,主观意愿是为了加快经济发展速度,迅速把中国建设成发达的社会主义强国,但在客观上,由于违背了客观经济规律,破坏了综合平衡,广东的国民经济受到严重破坏,面临着极大的困难。

一堆促人猛醒的数字,摆在陶铸面前。此时,他心情沉重地感到:他作为广东省委第一书记,责无旁贷地要对"大跃进"给全省人民造成的灾难承担领导责任。1961年4月23日,陶铸在广东省三级干部会议的总结中说,本来只

---

① 《陶铸文集》编辑组:《笔祭陶铸》,人民出版社1990年版,第255页。

应该前进一步的,我们前进了十步,结果超越了生产力的实际发展水平,不适应目前生产力的状况,破坏了生产力,这是违背客观经济规律受到的惩罚。

人民的疾苦,装在陶铸的心里,不仅仅是吃不好饭,睡不好觉,他于是深入农村,调查研究,一面想尽办法,安排好人民生活,渡过粮食难关;一面坚决纠正"共产风",纠正农村工作中"左"的错误,找出一条适合中国国情的发展社会主义经济的途径。在中共中央提出"调整、巩固、充实、提高"的八字方针,和党中央发出的《关于农村人民公社当前政策问题的紧急指示信》的指引下,陶铸以十分的政治紧迫感,大刀阔斧地迅即在广东农村纠正"左"的错误做法,提出要给社员"小自由"。当时干部们经过"反右"和庐山会议的"反右倾"后,已经给"运动"整怕了,对陶铸提出的要给社员"小自由",都怕对"上头"的精神吃不准,过后又戴帽子,又挨棍子。陶铸熟悉中国农民,熟悉中国农村,胸怀人民疾苦,敢于直言不讳,他一再在各种会议上以明确肯定的话对干部们说:"我们不要怕自发势力,现在不是自发太多,而是统得太死。"①

1960年秋,中央决定成立中共中央中南局,任命陶铸为第一书记,并兼任广东省委第一书记。中南局成立之初,正是我国经济生活处于最困难之时,陶铸受命于危难之际,肩挑广东、广西、湖南、湖北和河南五省区之重任,积极推动和督促五省区坚决贯彻中央八字方针,并在多次常委办公会上,提出中南局的工作,是要关心人民群众的生活,为此进行了巨大的努力来调整国民经济,陶铸首先着力加强农业战线,恢复和发展农业生产。在广东城乡普遍开展以农业为基础,大办农业,大办粮食的宣传教育,全面系统地进行劳动力整顿,到11月底,从各方面转移到农业生产第一线的劳动力已达200余万人。同时减少粮食征购,有计划地调高了粮食、油料、水果、生猪、家禽、蛋品等63种农副产品的收购价格,进一步开放集市贸易。陶铸的指导思想十分明确,搞好生产靠群众的积极性,提高群众的积极性靠政策,我们现在必须靠正确的政策吃

---

① 《陶铸文集》编辑组:《笔祭陶铸》,人民出版社1990年版,第279页。

饭,靠群众的积极性吃饭。

(二) 注重调查研究,深入一线听取群众声音

1961 年 1 月 13 日,毛泽东在主持中央工作会议的最后一天,就向全党提出大兴调查研究之风,并组织和领导几个调查组,到广东、浙江、湖南等省农村进行调查。3 月 10 日至 13 日,毛泽东又在广州召集了有中南、西南、华东三个地区的中央局和省、市、区委负责人参加的会议,讨论和制定《农村人民公社工作条例(草案)》(简称"六十条"),陶铸被指定为起草委员会的负责人。在这次会上,毛泽东将他在 30 年前写的一篇题为《调查工作》的文章,把题目改为《反对本本主义》,印发给到会的各地区党的负责人,并写了按语。

为制订人民公社条例,陶铸花了三个多月的时间,在广东、湖南进行调查研究。陶铸的生产观念很强,工作务实,他把全部精力都凝结在想尽一切办法恢复农村生产力,使农民尽快摆脱饥饿的困境。在调查研究过程中,有个公社从 1961 年早稻播种开始,就实行"田间管理到户评比奖罚"的生产责任制,使过去田间管理"一窝蜂"的情况有了明显改变。1961 年晚稻收割,该公社有 12 个大队在"田间管理到户"的基础上,订出了落后田的产量标准,并且规定了超产奖励,只奖不罚。这个办法使公私关系得到较为合理的解决。

陶铸调查看到:实行了这个办法的大队,晚稻产量比 1960 年同期增长 21.2%,全公社社员超产粮达 27.95 万公斤,占总产量的 3%。在陶铸的亲自指导下,广东省委于 1962 年 12 月 16 日发出在全省推行"评比奖励"责任制的通知,确定在省内的所有生产队普遍推行"评比奖励"田间生产责任制。陶铸认为,评比奖励的田间生产责任制,是积累了合作化以来的经验摸索到的一条好的门路。这个办法,比较充分地挖掘了劳动潜力,显著地提高了劳动出勤率和劳动效率,大大提高了农业生产质量,有力地促进了整个经营管理工作的改进和提高。归根到底,就是增加了生产,巩固了集体经济。与此同时,陶铸亲自拍板,广东全省普遍给社员留了占耕地面积 5%—7% 的自留地,并允许社员

在完成集体出勤和交售肥料任务的条件下,自己开荒种植作物,发展畜牧业,开放农贸市场,使家庭副业生产普遍得到恢复和发展。1962 年,全省开放的农贸市场比公社化前增加 15%,农贸市场的成交额占全省农副产品采购总额的 26.1%,城乡经济得到迅速恢复,农民走出了生活的困境。

1961 年是大兴调查研究的一年,党的实事求是的优良传统得到了恢复,在广州会议上制定的人民公社"六十条"就是毛泽东提出大兴调查研究之风结出的硕果。"六十条"集中了全党的智慧,其中也包含有陶铸为制定"六十条"所作出的一份贡献。

"六十条"公布后,陶铸继续深入农村调查研究,直接听取农民的呼声。从实际中检验"六十条"是不是反映了农民的要求和愿望,还有一些什么问题需要解决,着重研究一下社会主义究竟怎么搞。

（三）一心为公,两袖清风

陶铸具有松树的风格,在他 1959 年 1 月间写的《松树的风格》这篇散文中,有这样一段话:"我想:所谓共产主义风格,应该就是要求人的甚少,而给予人的却甚多的风格。"①要求人的甚少,给予人的却甚多,这两句倾注着无产阶级革命家高尚道德品格的话,就是他身体力行的一条闪耀着共产党人本色的生活准则。

1. 公私分明,从不损公肥私

陶铸完成了中央交给他在广西剿匪任务,返回武汉途中,顺路回祁阳老家看望阔别了 20 多年的乡亲。这次顺路还乡,他再三叮嘱秘书不要惊动任何人,带些水果做礼物就行了。中午到达祁阳县城,县军管会为他备了一桌"接风"酒,按理说也是家乡人应尽的心意,陶铸就是坚持不去,叫人把酒席上的酒菜拿到饭馆去卖了。陶铸到哥哥陶耐存所在的祁阳县第一中学教工食堂吃

_____
① 《陶铸文集》编辑组:《笔祭陶铸》,人民出版社 1990 年版,第 294 页。

饭,陶耐存当时是一中的校长。进食堂一看,陶耐存在饭桌上加了几个菜,陶铸看着桌上的菜说:"很丰盛嘛!"便问这饭菜是由他私人掏腰包请客,还是由公款报销,如用的是公款,这钱由陶铸付了。陶耐存说,这完全是他私人的钱,保证不揩公家一分钱的油,放心大胆地吃吧!陶铸笑着说,这就好,这就好!我们干革命工作,搞社会主义,头一条就要公私分明,一丝不苟。

当天下午陶铸就坐一条小船到石洞源乡老家去,开始乡亲们还有些拘束,他就笑着叫起自己的小名:"我是陶猛子呀!怎么?难道还认不得我了么!"乡亲们一听都笑了,看陶铸没半点官架子,说的话也就多起来了。有的说:石洞源山多田少,只能卖柴背树,没得生活出路。有的要求陶铸多带几个族中侄辈出去,在城市安排个工作,让家乡"沾沾光"。陶铸笑着说,石洞源山清水秀,冬暖夏凉,是个好地方嘛!稻田虽少,荒山闲土开垦不尽,还有林业,生产大有潜力可挖。不是没得出路,主要看大家怎么想的,怎么干的。他接着说:"我是共产党员,不是旧社会的官老爷,不能搞'一人得道,鸡犬升天'的事情啊!"

他在祁阳只住了一天一夜,第二天就返回武汉。秘书和警卫员商量:陶铸献身革命,离家20多年,就这样一筐水果探亲吗?他们遂私下决定,给领导的母亲董老太太和哥哥陶自强留点钱。但这事又不能明白告诉陶母,告诉了,她肯定也不会收,便在离开老家的时候,悄悄地在两人的桌子抽屉里,分别各放了50万元(合现在50元)。回到武汉,秘书向政治部副秘书长汇报了此行的工作,还不敢向陶铸坦白此事,便向曾志谈了这个情况,希望曾大姐能从中帮着说几句话。不料当天晚上,陶铸手里拿着100万元(合现在100元)走进秘书房间,对他说,你这是好心办了错事啊!不是早就向你们交代过,对私人的事情不能动用一分钱公款。要求秘书第二天快把款子交上去,将报销条子取回来。

陶铸的母亲长期住在农村,他每月给老人寄30元生活费,曾经有个时期,老人埋怨钱给少了,不够用,陶铸一再恳切地对老人说,目前群众生活水平还不高,干部家属生活上不能脱离群众。有好几次,组织上打算让陶铸的母亲迁入城镇落户,都被陶铸拒绝,说:"农村老人那么多,你们都给迁了,再考虑我母亲。"①就这样,直至 1962 年病逝,陶母一直住在祁阳农村。陶铸的堂弟、侄儿等十多位亲属也一直在农村劳动。陶铸的祖母葬在石洞源乡同心村,后来那里修水库,祖母的坟地正在水库区内,陶铸的母亲不愿意迁坟,他亲自做母亲的工作,并写信给县委指示,水库一定要修好。并给搬迁出水库区的亲属约法三章:一不准比别人家早搬一天;二不准所盖新房比别家高一尺,宽一寸;三不准建房材料比别人家好一分。陶铸一视同仁,决不允许亲属有半点特殊照顾。

2. 下乡调查,"约法三章"

陶铸对群众关怀备至,对自己则生活简朴,廉洁奉公。多次在家中招待中央来广州的老同志,从不用公款请客,这是他一条铁的纪律。1958 年他带领一些干部到粤东调查生产,有的县大摆宴席,表示"欢迎",他见到这种场面十分气愤,匆匆吃碗饭就退席了。从此以后,每次到各地调查、访问,总是事先"约法三章",说了还不够,还要随行工作人员督促检查,具体落实。他到番禺县大石公社住了一段时间,蹲点调查研究,每餐吃的都是见不到多少油花的萝卜、白菜,别的同志有时还可以加一点鱼、肉,他却坚决不要,拿出自备的辣椒、腐乳,捧着大碗饭就吃了。1958 年 7 月,陶铸下到澄海县冠山高级农业社,他一到村头就告诉大队党支部书记周秋波说,他是来学习,来调查研究的,这几天就同大伙儿一起吃稀饭、青菜、咸菜,不要吃肉,这是第一条约定。他在冠山住了一个星期,参加三次大队支部会,还下田和社员一起插秧。陶铸在广东工作近 15 年,一部六九吉普,几乎跑遍了全省 100 多个县、市。根据在他身边工作的警卫员记载:陶铸一年在广州还不到 100 天,常常是下乡一去就是 20 多天、1 个月。每次下农村,总是步行入村,访贫问苦,开调查会、座谈会,与社员和基层干部促膝谈心。

---

① 《陶铸文集》编辑组:《笔祭陶铸》,人民出版社 1990 年版,第 296 页。

3.严管亲属及身边工作人员

旧社会有句俗话说:"官不打送礼的。"这句话对陶铸不适用。1963年中南局机关杀猪,每人三斤肉,也给陶铸送去一份,他开会回来后,大发脾气,责问,谁要家人或家属收下的? 曾志说,机关都有,每人三斤,又不是特殊照顾,怎么能不收。陶铸答复:"不行,退回去。"最后,只好把三斤猪肉退了回去。

有一次出国,公家发了些外币,陶铸想到省委招待所没有吸尘器,便在国外买了一个带回送给了省委招待所。外国政府送给他的手提摄影机、照相机,也全部送给了有关单位。他写的书,从来不要稿费。他对外甥说,我们不是旧社会的官,不追求个人什么财产,共产党干部的一切,都是公家的,连他个人也是公家的。有一次,陶铸去上海开会,女儿陶斯亮在上海医学院上学,秘书就派车把陶斯亮接来看父亲。陶铸见到心爱的女儿,头一句话就是批评。他说,车是国家配给自己工作用的,不允许女儿坐小车来看她爸爸。陶斯亮很委屈地抱怨,她是不同意叔叔开车来接她的嘛! 陶铸明确地说,她应该自己坐公共汽车来。

陶铸平易近人,很讨厌别人恭维他,叫他"首长"。每当听到有人称他"首长"时,就打断说:"什么手掌、脚掌? 你们就叫我陶铸同志好了。"对有关规定的照顾,他也不肯接受。有一年夏天,机关按规定给陶铸的汽车配了一套新的藤制坐垫。他知道后就叫司机把新坐垫退了回去,依旧用旧坐垫,并且批评说,旧坐垫还能用,换什么新的呢! 陶铸是中南局第一书记,兼中南军区政委,调来广州后,工资关系一直在军区。他是正兵团一级,按工资标准,要比省委第一书记高得多。当得知部队要授勋,又要调整工资待遇时,他马上嘱咐秘书把自己的工资关系从军区转到省委机关来。

陶铸在广州的住房,机关同志多次提出维修、换房的建议,他都不答应。他在家里常说:房子能住就行了,老百姓的生活水平没有得到提高,干部住好房子心里也不踏实。

陶铸对自己唯一的爱女陶斯亮深情地说,他干一辈子革命,没有任何要求,只是希望死了以后,人们在他墓前立块牌子,什么官衔和生平事迹都不要写,只写上"共产党员陶铸之墓"八个字,也就心满意足了。他殷切地叮嘱女儿:"大树底下长不出好苗,无论哪个阶级的后代,靠祖荫安身立命是毫无出息的,你要懂得这个道理啊!"①

1956年至1966年,陶铸绝大部分时间担任中南局第一书记、广东省委第一书记,这是他践行民本观的重要时期,也是其民本观最成熟的阶段。1959年,陶铸发表《领导干部的几个工作方法问题》《调查研究与一切经过试验》《太阳的光辉》《革命的坚定性》等文章,阐述了他坚持调查研究的群众工作方法,只有通过调查研究与一切经过试验,才能使作出的决策具有深厚的群众基础,才能使决策沿着正确的轨道推广开来。

第四节　陶铸民本观在"文化大革命"中继续发展阶段:"文化大革命"开始时期——身处逆境保民

从1966年"文化大革命"开始到1969年被迫害致死这一阶段,是陶铸民本观继续发展阶段。在异常复杂的环境下,陶铸坚持真理,在大是大非面前坚持底线,不顾个人安危,保护老干部,在经济战线上三次坚持原则,在《人民日报》上发表理论文章,反对在工交战线上开展"文化大革命"。他身上表现出的心底无私天地宽的境界,是陶铸民本观在"文化大革命"中继续发展阶段。

1966年陶铸奉调进京,主要协助周恩来总理工作。在"文化大革命"那段非常岁月中,陶铸坚持实事求是,对"文化大革命"中的一些做法进行了坚决的抵制和斗争。根据周恩来总理的指示,他在这段时期和中央其他领导同志一道,保护党和政府及高校的领导干部,同林彪、江青反革命集团进行了坚决斗争。

---

① 《陶铸文集》编辑组:《笔祭陶铸》,人民出版社1990年版,第300页。

一、"文化大革命"中坚持真理,保生产保民生

(一) 奉调进京,坚持真理

陶铸奉调北京,是邓小平提名,毛泽东首肯的。当时中央文革小组的几个"秀才"置国家安危于不顾,形势十分紧张。邓小平从大局出发,建议将从事实际工作的陶铸调到中央,得到毛泽东的同意,同志们也十分欢迎。以江青、陈伯达为首的中央文革小组起初对陶铸的态度还是友好的,想拉拢陶铸。江青第一次见到他就亲切地说:"你来中央工作,我们很高兴呀!"接着,就将矛头直指当时党的总书记邓小平,攻击邓小平搞"镇压群众""反动路线",要求陶铸向邓小平"开头炮"。不料得到的回答是:"我刚到中央,不了解情况。"接着在中央的一次会议上,江青又拉拢当时掌管政法大权的谢富治充当打手,捏造罪名,攻击邓小平"镇压文化大革命"。陶铸对此极为不满,当即向毛泽东和周恩来作了汇报,并以中央书记处常务书记的名义,不准许把谢富治对邓小平的诽谤发言刊登会议简报。就这样,陶铸坚定地和其他老一辈无产阶级革命家一起,投入到极为艰巨复杂的特殊战斗之中。面对"文化大革命"的危险境地,陶铸临危不惧,不为所动。

(二) 一场特殊的战斗

早在 1965 年 1 月,中共中央讨论通过《农村社会主义教育运动中目前提出的一些问题》(即"二十三条"),此文件提出的一个新的论断:"这次运动的重点是整党内那些走资本主义道路的当权派。"[①]陶铸和当时的中央文革小组副组长、中共中央中南局第一书记王任重同志,为了维护国家稳定的大局,尽力保护老革命家不受"文化大革命"的冲击,受党中央和毛泽东的委托,将"二十三条"进行修改。他们认为"炮打资产阶级司令部"是将人民内部矛盾扩大

---

① 《陶铸文集》编辑组:《笔祭陶铸》,人民出版社 1990 年版,第 305 页。

到敌我矛盾了,是人民内部矛盾就该用批评和自我批评的方法进行,而不是像对待敌我矛盾那样一网打尽。况且,对当时党内存在"资产阶级司令部"的估计也不符合事实,应该实事求是地分析人民内部矛盾。陶铸和王任重认真分析了党内干部的基本情况,认为绝大多数干部是好的,包括犯了错误的干部也是可以改正的,完全可以通过开展党内的批评与自我批评的方式达到党内的空前团结,不必要采用残酷斗争、无情打击的方式进行。他们采纳中央军委副主席叶剑英和刘志坚的建议,在文件中写进了军队不搞"四大",希望军队保持一方净土,不受到"文化大革命"的冲击。陶铸、王任重在充满着风险的复杂斗争局势下,坚持真理,保证了修改文件的正确性和可行性。文件写好后,呈送毛泽东审阅,毛泽东说:"这个文件改得好",并亲自将其中一条归纳简化为"要文斗,不要武斗"。①

1966 年 8 月 1 日至 12 日,中共中央在北京召开八届十一中全会,对中央领导机构作了调整,选举了新的中央政治局常委。常委由原来的 7 人增加到 11 人,即:毛泽东、林彪、周恩来、陶铸、陈伯达、邓小平、康生、刘少奇、朱德、李富春、陈云。陶铸当选为党内第四把手,是毛泽东在审定调整政治局常委的名次上,亲自用红笔把陶铸勾到周恩来之后,陈伯达之前的。随后又任命陶铸为中央文革小组顾问。在周恩来的主持下,由陶铸、王任重负责起草修改的《中国共产党中央委员会关于无产阶级文化大革命的决定》(即"十六条")这一纲领性文件,在斗争十分错综复杂的八届十一中全会上正式通过,挫败了林彪、"四人帮"妄图为他们打倒一切制造合法根据的政治阴谋。

"要文斗,不要武斗",这本是毛泽东亲自规定的原则,而江青一伙却大搞"残酷斗争,无情打击"。陶铸在接见群众代表时,以国家利益为重,从大局出发,叮嘱群众代表以生产为主,不要搞残酷斗争,无情打击。陶铸此时是文革小组的顾问,排在康生之前,但他与康生、江青、陈伯达一伙的矛盾,日益尖锐

---

① 《陶铸文集》编辑组:《笔祭陶铸》,人民出版社 1990 年版,第 308 页。

地显露出来。

1966年9月10日,曾志从广州飞往北京,陶铸到机场迎接。一路上,红卫兵拥立街头,搞"四大"、破"四旧",揪"走资派",斗"反动学术权威"。见此情景,陶铸一言不发。陶铸每天深夜回家,脸色铁青,背着手,来回踱步,无法理解当时的形势。女儿陶斯亮对此情况百思不得其解,她冲着爸爸问道,为什么要打倒老干部?为什么"文化大革命"不要党的领导?陶铸也大声吼道:"你们问我,我也不知道,这又不是我陶铸决定的,你去报告主席,说我陶铸想不通。"①

(三) 协助周恩来限制"文化大革命"发动范围

"文化大革命"爆发后,周恩来曾采取一系列行政手段,从管理入手限制"文化大革命"的冲击范围,希图达到保护和发展生产的目的。

1966年9月7日,陶铸根据周恩来指示主持起草的《人民日报》社论《抓革命、促生产》发表(简称"九七"社论),强调革命不能影响生产,而应是"革命和生产两不误";要求各生产单位和业务部门成立一个专抓业务生产的领导班子;广大劳动者"应当坚守生产岗位",学生不要到农村和工厂去干预那里的生产和革命。

陶铸协助周恩来与其他领导同志写出了《关于县以下农村文化大革命的规定》(简称"农村五条")和《关于抓革命、促生产的通知》(简称"工厂六条"),主旨是限制"文化大革命"在工厂、农村发动的范围。这两份文件以中共中央的名义下发全党,重申此前下发的《关于工业交通企业和基本建设单位如何开展文化大革命运动的通知》依然有效。

如果说"抓革命、促生产"口号是抵制"左"倾错误,维护国民经济正常运转,限制"文化大革命"发动范围的第一次努力,那么这两个文件就是第二次

---

① 郑笑枫、舒玲:《陶铸传》,中国青年出版社1992年版,第311页。

努力的结果。它们有力地支持了各地党委的工作,抵制了"文化大革命"对生产的大冲击,全国城乡生产秩序相对稳定。

然而,上述种种努力都被林彪、江青等人诬为"以生产压革命"。在一次中央碰头会上,江青气汹汹地指着陶铸说:"用生产压革命,真是岂有此理。你们下文件,发社论,叫农村、工矿不要革命。把以前的文件都收回来。"陶铸也毫不相让,说:"那是中央的决定,我个人没有这个权力。"江青又转向周恩来说:"总理,你可要说话,这是什么态度。你现在就说,那些文件收不收?"周恩来正色反问:"生产搞乱了,我们去喝西北风吗?"江青立刻吵闹说:"你总是生产、生产,你只要生产,不要革命。"周恩来也针锋相对地说:"不搞生产,不搞建设,人民吃什么用什么? 还能搞什么革命?"①陶铸的正确做法得到了周总理的支持。

二、"文化大革命"中守护正义,保护老干部与维护工交秩序

(一) 不顾个人安危,保护老干部

陶铸把对他不利的迹象、信号都置之度外,每天工作到深夜,一些省、市和自治区的负责同志,大都与他熟悉,都绕过中央文革小组,喜欢向他反映情况,每隔几天,他都要和周恩来去向毛泽东汇报。在大动乱中,几乎所有的党政负责同志都被批斗、游街、戴高帽子。为了保持生产的稳定性,防止事态恶化,他按照周恩来总理的指示,设法保护中央和国务院的一些部长和省委书记,以及一些高等院校的负责人。对这些被揪来北京的地方领导,陶铸能做的就是把他们保护起来。周扬患癌症,动了手术,造反派要将他批斗,陶铸和汪东兴交涉,安排周扬到招待所住下。汪东兴百思不得其解,陶铸说人家有病,还是应该照顾的嘛。②

---

① 熊华源、廖心文:《周恩来总理生涯》,人民出版社1997年版,第474—475页。
② 《陶铸文集》编辑组:《笔祭陶铸》,人民出版社1990年版,第322页。

王任重原是湖北省委第一书记,有能力,得到毛泽东赏识,此次担任中央文革副组长,他患有肝炎、肝硬化,到了 10 月间,要去广州养病。这时,武汉的造反派发现王任重写的一首诗,诗中称毛主席为战友、兄长,这样一来惹下滔天大祸,造反派遂借机围攻王任重。陶铸给毛泽东写了报告,建议王任重辞去中央文革副组长一职,去中南局工作。于是,"四人帮"对陶铸开火,在场的政治局委员一看就知道这是早有预谋。批判陶铸的内容,主要是派工作组镇压群众,保护走资派。政治局委员只是听着,没什么人发言,只是李先念说了一下,陶铸的问题主要是工作方式方法问题,李富春建议陶铸重新回到中南局工作。毛泽东叫陶铸同谭震林去中南、华北地区了解情况,陶铸解释要协助周恩来工作,太忙。毛泽东遂叫他快下去调研,并拿出 20 多人的名单,叫他"保一保"。

在大动乱中,从中央到地方,一些党政负责同志受到批斗、游街,受尽了折磨和凌辱,陶铸能做的第一步,就是向造反派交涉,设法安排这些同志到招待所去"保"起来。

(二) 极力维护工交秩序

第三次冲击经济建设的大斗争,发生在 1966 年 11 月中旬至 12 月初的全国工交座谈会上,陶铸公开提出反对在工交战线上开展"文化大革命",得到了中央和绝大部分省、市参加会议的负责工交的领导的支持。随着林彪、"四人帮"篡党夺权野心的膨胀,对"文化大革命"的限制和反限制的斗争日益尖锐。陶铸奉周恩来指示,为维护铁路运输秩序发出紧急通知,并在 11 月 10 日《人民日报》上发表《再论抓革命、促生产》的社论。以周恩来、陶铸、余秋里、谷牧等无产阶级革命家,极力防止"文化大革命"把经济建设搞乱,而中央文革小组一伙极力搞乱工厂农村。11 月 10 日,上海发生了王洪文一伙卧轨拦车,极力阻断沪宁交通的"安亭事件",张春桥前往处理此事,得到中央许可。背着上海市委,胡说王洪文此举是"革命行动",他们从这里打开了搞乱工交生产战线的突破口。王力以陶铸在《人民日报》上发文,坚持认为陶铸主张要压制"文化大革命"。从此,陶铸与中央文革一伙的斗争已非常尖锐。

1966年12月4日至6日,听取工交座谈会汇报的中央政治局会议召开。会上,谷牧在周恩来、陶铸等的支持下,本着对党和人民负责的精神,根据事先准备好的《汇报提纲》,系统提出了与企图搞乱工交企业的指导思想完全对立的一系列意见和建议,旨在坚持党的领导和以经济建设为中心的政治路线。虽然经过斗争终以党内健康力量的暂时退却而告结束,却在党的建设史上留下宝贵的经验。

"文化大革命"中,陶铸遭到"四人帮"的诽谤、诬陷,受到错误批判。1967年1月4日,陶铸失去自由。1月20日以后,停止送文件并派了四个警卫,对他的监视也越来越严。他每天除了在警卫的押送下去看大字报,还要拉出去批斗。除了在中南海批斗外,红卫兵还要闯进家来迫害,有时被拉到小礼堂去批斗。1968年国庆节前后,陶铸感到头晕、呕吐,但无人过问。1969年1月,多次恶心呕吐。直到3月中旬,才被初步诊断为"肝炎",送进302医院检查后,最终诊断为患有胆囊部位的癌症,需要立即动手术。手术后,经过两个多月的治疗,陶铸恢复了体力。1969年9月下旬,陶铸病情加剧。医生诊断癌症扩散。11月30日22时15分,陶铸不幸逝世,终年61岁。

第三章 陶铸民本观的理论结构、 丰富内涵及主要特征

陶铸是无产阶级革命家、党和国家卓越的领导人之一,在新民主主义革命、社会主义革命和建设中,积极传播马克思主义以人为本理论,结合中国革命和建设的具体实际,着眼于从政治、经济视阈构建民本观的主要内容,陶铸民本观具有鲜明的时代特色和理论结构。

第一节 陶铸民本观的理论结构

前面已经对陶铸民本观的发展线索进行纵向梳理,本章将对陶铸民本观进行横向上的阐释。陶铸民本观的理论结构,即指这种横剖面,旨在分析陶铸民本观的组成要素。

一、陶铸关于马克思主义人学思想的基本理论

新中国成立后,陶铸曾任中央政治局常委、国务院副总理、中南局第一书记、广东省委第一书记等职,是马克思主义中国化进程中的推动者和践行者之一。陶铸关于马克思主义人学思想是在马克思主义、毛泽东思想指引下,在中国革命和建设的过程中积极探索群众工作方法和群众路线教育活动,形成的

具体的群众工作理论方法。陶铸关于马克思主义人学思想与马克思主义、毛泽东思想是一脉相承并继承发展的。

（一）唯实的本体论

本体论是对事物的客观规律的深刻理解和主观把握。客观事物是千变万化的,我们应透过现象看本质,从而揭示事物的本来面目。中国革命的伟大实践需要革命者具有敏锐的观察力,探寻一条正确的革命道路。陶铸热爱群众,积极探索群众工作方法,具有浓厚的民本情怀,他对客观规律的认识也来自实践活动本身,他对马克思主义哲学的本体论的阐释也具有鲜明的特点。

陶铸关于马克思主义人学思想是在如何做好群众工作中深入思考形成的。他对毛主席是崇拜的,走到哪里,都将《毛泽东选集》等著作装在自己随身带的箱子里,认真学习,深入思考。陶铸强调学习理论是为了更好地指导工作,而不是把理论当作"天书"。他在回答一些人读了一些理论书但并不能解决实际工作中的问题时说:马克思主义原著或《毛泽东选集》不是包治百病的,不是说在实际工作中一遇到困难或问题,只要翻一下这些著作就迎刃而解,那是不可能的。不能把它当作"天书",要与实际情况相结合,要具体情况具体分析,要对症下药,才有疗效。

关于条件论。条件就是客观存在,就是唯物论。一切决定于空间、时间和条件,这是马克思主义的基本论点。陶铸在开封地区组参加讨论时,听到一个同志发言,说:"你说做工作不要条件,你现在到屋顶上种水稻试试看?"屋顶不能种水稻,因为水稻长在泥土上,并且要保持一定的水量才能生长。陶铸用此例说明了具体问题具体分析的哲学道理。

关于不断革命论与革命发展阶段论相结合的问题。陶铸强调共产党人不应当做保守派,不要做历史前进的阻碍物,要强调不断革命,要不断地适应革命形势发展的需要。但是,不断革命论一定要和革命发展阶段论相结合,也就是说，要区别明天与今天，区别理想与现实。如果看不到将来的远大理想，以为今天办不到的事情明天也办不到，这种人是没有希望的；但是不承认目前的现实，以为明天才能办到的事情今天也可以办到，那是不可能的。任何事情总是一阶段一阶段来进行和完成的，走了一段，创造了条件，又前进一段。把不断革命论理解为一步也不能停，是错误的。事物是不断运动变化的，但它总有相对的稳定性，而有些人就是不承认相对的稳定性。若不承认相对的稳定性，要犯"左"的错误；同样，不承认事物变化会犯右的错误。用这样的比喻说明了运动是绝对性和相对性的统一。

陶铸关于马克思主义人学思想具有浓厚的民本情怀，他强调要依靠广大人民。只有真正的有群众观点的人和真正走群众路线的人，才能最好地接近实际，认识客观，也才能克服困难，做好工作。党的干部搞革命和建设依靠谁呢？农业生产要靠农民，挖煤要靠煤炭工人，打仗要靠解放军。所以我们要有人民的感情，这是不言而喻的。可是，当革命取得胜利后，就有人跟人民脱离得远，阶级感情淡薄，不是那么强烈了。没有强烈的阶级感情，没有强烈的人民感情，不可能接近社会实际，不可能做好调查研究工作。面对客观实际，有些干部也不可能认识它的本质和规律。

（二）实践的认识论

人们如何才能获得正确的认识？如何才能获得对客观真理的把握？这是认识论的问题。获得真知要靠实践，实践——认识——再实践——再认识循环往复以至无穷才能加深对客观真理的认识。陶铸总结了群众工作方法，对实践的认识论有独特的观点，提出了调查研究与一切经过试验的观点，具有很强的可行性与实践性的特点。

调查研究与一切经过试验是人们工作方法中的重要方法，对于唯物论者来说，这是带根本性的工作方法。要理解辩证唯物论的认识论和解决工作中的问题，就必须实行调查研究，一切经过试验。没有调查研究就没有发言权这句话,当然肯定了实践是理论的来源,实践出真知的道理。然而,不是所有的调查都是客观的,因为调查者在选取调查对象时有主观判断,符合自己的想法就采纳,不符合自己的想法就摒弃。这样,调查结果必然带有主观性;如果调查不能覆盖所有对象,只在一定范围内的调查就得出全面的结论也带有片面性。那么,如何才能获取真知呢? 如何才能使得出的结论接近客观实际呢? 答案就是一切经过试验。那就是通过调查得出结论,然后将得出的结论运用于实践中,从而检验这个结论的真实性。这个过程与实践——认识——再实践的过程是一致的,只有这样,调查研究才是正确和可靠的。

当然,要进一步了解存在的问题,在调查研究中必须走群众路线才行,因为不通过群众,只是和一部分干部谈谈,看一些书面材料,是不能很好地发现、了解问题的。这一点非常重要,具有很强的现实意义。

一切经过试验是人们的工作方法。如果要获得对事物的全面而深刻的认识,必须通过不断的试验,因为每一次试验只能获得对该事物的一部分认识,在此基础上不断总结经验,进一步获得更多的认识。对事物的认识就是在这个不断试验的过程中逐渐完善的。只有在不断试验的过程中,人们才能消除主观偏见,自己的认识才能逐渐接近事物的本质。生产实践、科学实验以及人们做工作都是如此。例如农业,深翻是大家的共识,但是对于不同的土地,深翻的程度就不同,必须经过试验,根据不同情况具体分析,从而将成功的经验加以推广,逐步获得对于农业深翻的认识和技能。

陶铸提出,必须充分发动群众,一切经过试验。这是正确的工作方法,但是人们没有很好这样做。人们做工作,往往事先不经过试验,就冒昧、轻率地展开。当然不是所有的事情都要经过试验,但是像大的政策,关系广大群众利益的一些决定,一定要充分调查研究,首先经过试验。比如护士打针,有些人不适合打青霉素,一针就打死了,打不死也会发生休克现象,所以护士先做过敏反应注射。人们做工作也可以采取这个办法,如此,蛮干就可以减少,工作就会很有成效。

（三）辩证的方法论

主体要获得客体的正确认识，必须全面、客观、准确地反映客体。陶铸在长期的实践过程中深刻总结了群众工作方法，提出了一系列辩证法的哲学观点。

为了更好地推广经验，还要正确处理好的经验和坏的典型这个问题。好的经验值得推广，这是要掌握的原则。但总结经验时，要将好的经验和坏的典型进行比较、分析、判断和综合。对事物的认识，不能只看到好的一面，也要看到坏的一面，正反两方面的认识才是全面的。

如何发挥报纸的作用，展示报纸的力量？陶铸认为，如果人民内部矛盾突出了，报纸要充分反映人民群众的要求，只有这样，新闻报道才能得到人民群众的欢迎，才能真正地解决人民的生产和生活问题。同时，报纸还要揭露官僚主义的问题。只有反对官僚主义，倡导务实的工作方法，才能解决人民群众的问题，才能团结广大人民群众全身心投入社会主义革命和社会主义建设的伟大实践中去。

关于成绩和缺点都要报道的问题，陶铸说："去年有一个时期我们的报纸肯定成绩不很够，但是最近以来揭露缺点、开展批评也不够。我们开展批评要实事求是，与人为善，不要一棍子打死，要帮助人家改正错误。这样，才能达到批评的目的。我们工作中有没有缺点呢？是有缺点的，人家知道不知道呢？也是知道的，为什么不可以讲呢？有缺点就应该讲。当然，我们讲缺点不要光从消极方面讲，还要从积极方面讲。要把缺点摆在适当的位置，但是不能不讲，而是要实事求是地讲，主要报道成绩，但是对工作的缺点也要报道。"①

对所谓"趣味"的理解。如果报纸是硬邦邦的，多样性不够，那么群众不喜欢看，这种情况要改变。报纸要突出中心论点，但是也要适当照顾不同层

---

① 本书编辑委员会编：《陶铸文集》，人民出版社 1987 年版，第 151 页。

次、不同爱好的读者,特别是要多登载一些思想教育方面的文章。报纸版面既要多样性,又要突出重点。如果报纸的内容不是干巴巴的,不只是登载那些指示性的文章,而是能真正地从多方面反映群众的思想及要求,人民群众就喜欢看,就会感到报纸有"趣味"。然而,低级趣味绝对不行。这里所强调的"趣味",就是报纸能够从不同的角度、用不同的方式去反映人民的生活,说出人民群众心坎上的话。果真如此,人民群众就喜欢读。还有一点,报纸排版,宣传个人的东西要少登一些,要多登载群众的东西,尤其是群众中的模范事迹,这样的新闻就有教育意义。

关于做工作要留有余地的问题,是一个重要的辩证法的问题,主体可以认识客体,但是人们认识客观世界往往不全面,因为真理是相对的。人们认识事物都是在一定条件下认识真理的这一部分或那一部分,这种认识是相对的。由相对的认识形成一个绝对的决定,那就会出现问题。既然认识事物是不完全的,就应当在处理问题的时候留有余地,假如认识问题只有七分,形成决定时留三分余地,就不会出现大问题;如果认识问题只有七分,则按十分形成决定,当然就要出问题。

（四） 直白的阐释论

哲学从本质上是从人们的自然语言里面提炼出来的。陶铸关于马克思主义人学思想阐释风格是直白、清晰和务实,这种风格源于他贴近现实、贴近群众、贴近生活。中国革命和建设的伟大实践给革命的领导者提供了丰富的资源,陶铸在纷繁复杂的群众工作中总结出了一些生动的语言,富有深刻的哲理。

关于如何全面看问题,他经过深入思考,形成了自己独特的观点。例如,新闻工作者如要提出问题,既要锻炼他们的立场、观点,也要把眼、耳、腿、脑、手这些在认识客观世界、反映客观世界时需要使用的器官统统运用起来。存在的问题是,有的记者往往只带耳朵,找某些做实际工作的干部谈一谈,听了就写，很少深入第一线，亲眼看一看，再用脑子想一想，然后动笔。人们长着两只耳朵，是为了让一只耳朵听干部的话，一只耳朵听群众的话，"兼听则明，偏听则暗"。可是，有的记者往往只注重听干部的话，而没有更多地去听群众的话，从而将两方面的话互相参照。这样，发现不了问题，而只能写出一些一般化的报道，还写了一些不真实的报道。如果要写出工作中存在问题的新闻通讯，必须眼、耳、腿、脑、手"五官"并用。耳要聪，目要明。深入实际中去，到群众中去，多看、多听、多想，人就会变得聪明起来，这样总是比较能够发现问题和提出问题。

关于怎样搞好调查研究的问题，陶铸具有自己的阐释。人们搞了一些调查研究，但是很不够，主观主义的东西相当多。进行调查研究，当然要有主观见解，脑子里一点问题都没有，怎么进行调查研究呢？要有指导思想，要去解决什么问题，这是一方面。但另一方面，绝对不能有成见，不管三七二十一，搞一点材料，符合自己的就要，不符合自己的就把它丢掉。进行调查研究工作，最重要的一条是要信任群众，开座谈会，充分听取干部和群众的意见。既要脑子里装有问题，又不能把问题固定化。经过调查研究，事实确实是这样的，完全合乎自己主观想法，那很好；如果不符合自己主观想法，就得深入思考，客观地分析比较。这样，才能得出比较接近事实的认识和比较正确的结论。

关于人民群众的长远利益和当前利益的关系，陶铸具有自己的观点，一定要既照顾到他们的长远利益，又照顾到他们的当前利益。如果只是搞基本建设，搞大工业，农业上不去，不仅人民生活不能得到迅速改善，工业发展的速度尽管一时快，到一定的时候也会慢下来。

陶铸指出，毛主席教导大家要学会"解剖麻雀"，看问题要"见微知著"，要学会解剖典型，举一反三，使人们能够看到一点东西，就可以看到更多的东西。这种方法，在实践中贯彻下去有一定难度，与从抽象概念出发而演绎推论的方法也是截然不同的。但是，在实际工作中，人们却往往容易从抽象概念出发，效果甚微。

综上所述,陶铸关于马克思主义人学思想结合中国新民主主义革命和社会主义建设的具体现实,继承和发展了马克思主义哲学的核心思想,生动诠释了毛泽东思想的哲学精神,给马克思主义哲学的中国化注入了新的活力。无论陶铸同志身居何重要岗位,他总是关注人民群众的生产和生活,与人民群众同呼吸、共患难、心连心。陶铸扎根于人民群众之中,充分吸收了人民群众的智慧,这些哲学观是非常朴实而又蕴含丰富的哲理,人们一看就懂,而且韵味无穷。他那关于马克思主义人学思想正因为来自人民群众的生活中,又蕴含深刻的民本情怀,所以具有很强的生命力。在实现中华民族伟大复兴的奋斗目标的今天,对于我们党加强和促进民生工程、加强党风、政风和民风的好转、加强党的作风建设等具有一定的现实意义。

二、陶铸民本观的要素结构

民本思想就是重视人民地位,工作的出发点是为了人民,体现为保民、惠民、恤民等特征。历朝历代,围绕着君本还是民本,重君还是重民的思想进行了讨论和争辩。中国共产党深谙民本思想的重要性,确立了自己正确的执政理论。在革命战争年代,为了使人民群众解决粮食问题,发动群众,开展土地革命,掀起了轰轰烈烈的革命斗争。为了使革命取得胜利,建立农村革命根据地,以农村包围城市,从而夺取城市,进而取得最后胜利。在社会主义建设中,为了充分发挥农民的生产积极性,克服观念上的障碍,中国共产党引导农民实行联产承包责任制,使农民的生产积极性得到极大提高,农业生产获得大丰收,基本解决了农民的温饱问题。党的十八大以来,党中央提出了人民对美好生活的向往就是我们的奋斗目标。习近平总书记提出了以人民为中心的发展思想。

陶铸作为中国共产党第一代领导集体的一员,其重民、惠民、保民的民本观具有如下要素结构。

（一）理念——为人民群众谋利益

在新民主主义革命、社会主义革命和建设中,陶铸奋斗了40余年。他善于学习和运用马克思主义、毛泽东思想指导和解决现实中的问题,对中国革命和建设事业作出了重要贡献。他丰富的革命实践和革命理论,深刻而生动地表现在他的讲演和著述之中。他的著述约有300余万字,一些重要篇章收入《陶铸文集》,其中包括《松树的风格》《调查研究与一切经过试验》《太阳的光辉》《理想·情操·精神生活》《端正思想方法和工作方法》《办好省报的"农民版"》《必须改善工作作风》《大兴调查研究之风》等,反映陶铸重视人民群众的主体性地位,一切以为人民群众谋福利的民本观。如在《理想·情操·精神生活》(1960年5月)里,谈到高尚的情操时,他说:每一个共产党员要有深厚的群众感情,要虚心向人民群众学习,要从人民群众中吸收营养,我们的知识是人民群众所创造的。当中国共产党在遇到困难和挫折时,是人民群众的支持和拥护才能帮助我们克服困难,因此,共产党员要时刻思考这么几个问题:人民群众需要什么? 我们能为人民群众做点什么? 怎么做才能使人民群众满意? 共产党员要具有劳动人民的感情,还必须热爱劳动并积极参加劳动。

陶铸在上述著作中阐述了执政为民的理念,一是共产党员要具有松树的风格,要求于人的甚少,而给予人的甚多。在革命战争年代,共产党员为了人民的利益,将自己的一生献给了革命事业,有的还献出了年轻的生命,其中一些还不知道姓名,是无名烈士。他们对人民有什么要求? 什么要求也没有。是他们的英勇牺牲,赢得了革命的胜利,给我们今天带来了幸福生活。在社会主义建设时期,共产党员要坚持为人民谋利益,不管环境多么恶劣,都要坚持为人民群众服务。二是共产党员要坚持调查研究的工作方法。他强调,共产党员的一切工作是为人民群众服务的,因此必须首先进行调查研究,只有开展调查研究,才能掌握实际情况,了解人民群众最需要解决的问题,了解人民群众的愿望和要求,这就为党制定方针、政策奠定基础。三是改善干部作风,关心群众生活,反对形式主义、官僚主义。陶铸主张宣传工作要落到实处,对于所取得的成绩要谨慎对待,对于经过检验、确实可靠的可以宣传,对于人民群众的创造、发明要大力宣传。要鼓励领导干部改善作风,下到基层,开展调查研究,摸清实情。对于应下去而不下去的干部要做好动员工作,个别的可以开展批评。党的领导干部一定要重视农业生产,改善农民的生产、生活,要时刻关注制定的措施是否具体、措施是否落实到位、效果怎么样,由此可看出陶铸务实、为民的工作作风。

(二) 原则——反对官僚主义,加强作风建设

陶铸在《克服官僚主义,密切联系群众》里提出了华南党的官僚主义是严重的,必须加以克服。他说:"最近有些地区的群众对我们有些不满,其主要原因就是我们工作上的官僚主义所造成的。我党和群众的关系是很好的,但有了官僚主义、命令主义,违法乱纪的地方就多了,影响了党和群众的关系,或者是把党和群众的关系破坏了,使群众对我们不满,甚至个别地方出现了群众殴打干部的事情。我觉得这样也有好处,会把那些躺在官僚主义温床上酣睡的人们惊醒起来。否则,你直接批评他工作上的缺点,他很不高兴,甚至还会反过来说你是官僚主义,你不了解他那里的实际情况。不少人把从前的好作风忘记或者是丢掉了,从而染上了不少国民党的作风。再加上三年来华南党的领导表现得没有力量,原则性不强,党内思想斗争没有展开,是非分不清楚等。所以,华南(尤其是广东地区)的官僚主义是特别严重的。"[1]他接着说,有的同志问:为什么中央今天这样强调提出反官僚主义、反命令主义、反违法乱纪呢?应该说,我们党一开始就是按照马克思列宁主义的原则建立起来的革命的党,与广大人民群众建立起密切联系的党。即使这样也不能说党内一

---

[1]　陶铸:《克服官僚主义,密切联系群众》,华南人民出版社 1953 年版,第 2 页。

点官僚主义作风没有了,因为我们党不是一个人,而是由许多人组成的,党来自我国旧社会各阶层,要改造成为完全的共产主义者,不是短时间就可以办到的。不过,党在白区从事地下活动时,在偏远落后的农村从事活动时,在进行游击战争时期,官僚主义少得多。全国胜利之后进了城,官僚主义就容易滋长起来。人民群众认为,党的领导干部在城市机关里工作久了,群众观点就不强了。过去在延安,在敌后根据地时,干部和群众生活在一起,工作在一起,天天老乡前老乡后,群众有话就对干部说,党的干部也很容易理解群众,这样当然就会懂得群众疾苦,有群众观点。

陶铸撰写的《反对官僚主义,密切联系群众》一书,体现陶铸反对官僚主义、加强作风建设的原则:一是提出了中国共产党必须始终密切联系群众,坚持走群众路线。走群众路线是中国共产党在土地革命、抗日战争和解放战争中之所以能取得革命胜利的原因。打仗要靠人民群众,社会主义革命和建设也要靠人民群众。在革命战争年代,只有依靠人民群众,壮大人民力量,才能凝聚战胜敌人的力量。在社会主义建设时期,党制定政策的依据应当从群众中来,只有密切联系群众,深入了解群众,人民群众才会向党组织说出心里话,表达群众的心愿,党组织制定政策时才能有的放矢;党组织要检验政策的正确与否,也要到人民群众中去调研,也要看人民群众的实践是否有效果。二是反对官僚主义。在革命战争年代,由于党的领导干部与人民群众朝夕相处,经常动员人民群众,发动人民群众起来革命,人民群众有什么心里话,有什么要求,有什么愿望都愿意与干部交流、向干部诉说,这样,干群关系就非常密切,党同人民群众的联系就紧密,党群关系就如同鱼水关系。新中国成立后,党的领导干部由与人民群众并肩战斗到走向领导岗位,领导和规划人民群众进行社会主义建设,贯彻落实党的方针政策,制定具体的措施。干部在机关工作久了,就与人民群众之间的距离拉大,来自人民群众的声音听得少,偶尔听见,也不太容易听得进,这样,官僚主义思想就严重了。官僚主义作风盛行,与人民群众的距离就远了,这是与陶铸民本观相悖的。

（三）方式——反对脱离群众的工作方法

陶铸在《反对官僚主义，密切联系群众》一书中指出，还有一种情况，我们也必须指出，不少干部思想中只有事物观点，脱离政治，而不考虑政策问题，他们只考虑如何去完成"任务"，而不去或很少考虑完成"任务"后的结果。如交通厅，在将要春耕时（土地改革复查也很紧张），农民们忙得不可开交，却要动员二三百万民工修建公路，据说他们选择了这么一个时期，是因为这一时期天气好，雨水少，修路进程加快。这当然很好，但交通厅就不会想到农民们"一年之计在于春"，也自然不会想到农民们正在紧张地与地主阶级做斗争，如果不是华南分局发觉后勒令其停止修路，其带给农民的损失是很大的。上述事例说明，干部进城以后，过去有群众观点的，现在是越来越稀薄了；过去没有群众观点的，现在是变本加厉了。我们党虽然经常和各种不良倾向作斗争，但进城以后，官僚主义确确实实是在增长。不少党员干部的耳朵听不到群众的声音，眼睛看不见群众的影子，只是坐在舒服的办公室里发号施令，怎能够不滋生官僚主义呢？官僚主义的严重是由于群众观点被冲淡或消失了的结果。必须反对官僚主义，道理很简单，有官僚主义存在，我们党就会一天天脱离群众，有分散主义存在，我们党就不会成为一个强有力的集中统一的党，而缺乏强有力的集中统一领导的党组织是没有力量的，不能够贯彻落实党的政策。这种情况如果继续下去，华南的工作不但不会再前进一步，现有的一些成绩也会遭到破坏。其产生的恶果是不可以想象的。因为，共产党之所以受到群众拥护，就是因为他处处都是为人民群众利益着想（自然，有暂时的和长远的利益）。假如，共产党不是处处为群众着想，而是采取官僚主义的工作作风，党的干部有什么资格要求群众来拥护呢？很显然，那是没有这份权利的。

那么，反对官僚主义会不会损伤元气，会不会被敌人利用来制造谣言？我们的党是革命的党，为了维护党的原则，为了维护群众的利益，只要反对官僚主义的方法是正确的，开展党内思想斗争，不但不削弱党的力量，而且会百倍地增强党的力量。如果我党不能负责任地向人民把问题讲清楚,把内部坏的毒瘤清除掉,那将更容易被敌人利用。因为纸包不住火,坏事是掩盖不住也不应该被掩盖的。把一切坏的事情都无情地揭露出来,敢于承认自己的错误并迅速地改正这一错误:我们党的伟大就在这里。官僚主义工作方法是根本不可能解决工作中的任何问题,也就是"饱食终日,无所用心。"坐在机关里,你办你的"公",我办我的"公"。还认为这是很普遍的。很多机关可以检查一下,他们的许多问题解决了没有? 工作检查过没有? 把经验总结出来了没有? 他们每天的时间是怎样花掉的? 到底为群众做了多少事情? 又有几件是群众感到高兴的事情? 如果这样追问一下,是很难得到令人满意的答复的。这种官僚主义虽不是那么直接地损害了群众的利益,但它不能解决问题,不能很好地执行党的政策,最终也是损害群众利益,没有群众观点。

陶铸民本观体现在施政方式上是反对脱离群众的危险。一是要科学制定施政方式,符合事物运动变化的客观规律。一些领导干部凭主观主义思想制定工作计划,只考虑到自己领导的某个领域要开展工作,要按时完成工作任务,要动员大量农民群众投入劳动,却没考虑到农民要进行春耕生产,非常忙碌,无法脱身搞其他工作。以上工作方法就是脱离群众实际,必须要及时制止,予以纠正。因为群众的生产、生活始终是第一位的。二是要时刻为群众着想,防止被敌人利用制造谣言。领导干部坐在办公室制定工作方案、工作计划时,要时刻想着我将为群众办什么事,我已经为群众办了哪些事,群众对我们的工作感到满意不满意、高兴不高兴。如果群众对我们的工作不满意,就会被敌人所利用,敌人就会制造谣言。脱离群众的危险是很严重的。

(四) 效应——践行民本观出成效

在新民主主义革命、社会主义革命和建设中,在日常工作、生活中,陶铸始终贯穿着一心为民的观念,并取得了明显的施政效应。

陶铸谦虚谨慎,平易近人,他心里有一团火,时刻把群众的冷暖挂在心上。

他第一次回祁阳,不骑马,从县城乘小木船在潘家埠上岸,步行 5 公里去石洞源。不坐"太师椅",坐在门槛上,他没有"大官"的威严,大伙有心里话都跟他说。座谈会上,他说要解散公共食堂,让农民搞点自留地,嘱咐县里派人到广东买红薯藤。

陶铸生活朴素,处处严格要求自己,在广州工作多年,居住的房子从未换过,直到最后进京工作。他身患吐血病,经常头晕。有一次,在下面检查工作,发病了,只在树边靠了一会儿,休息片刻,便继续工作,坚持不让别人照顾。他一直反对用公款吃喝请客,请周围同志吃饭都是自己掏钱。1950 年在武汉,中南军政委员会开会,饭菜异常丰盛,当时陶铸和黄克诚坚持不去赴宴。有人送给他两件上好皮袄,也被拒绝,原样送回。陶铸说:"刚解放,老百姓还很苦,我们不能铺张,不能收礼。"他终身保持清廉作风,有人甚至开玩笑说:"不愿意跟陶主任出差,因为吃得太简单,没有什么油水"。陶铸能够几十年如一日,严于律己,清廉正直,一个重要原因是他对人民怀有深厚的感情。

陶铸到广东省委和中南局工作时,还一再强调,要反对那种到处张贴"欢迎"标语、前呼后拥、熙熙攘攘、招摇过市的检查工作和调查研究的方法,他说:那是"实在什么东西都没有认真地看,也就无从发现问题和解决问题"。他提倡"悄悄地下去",实实在在地了解真实情况。这虽然不算是什么新鲜事,但是,多少年来的事实表明,作为领导干部,要真正身体力行地做到这一点,却非易事。

第二节　陶铸民本观的丰富内涵

一、改善民生是陶铸民本观的目标

在新民主主义革命时期,陶铸积极参与马克思主义特别是科学社会主义在中国的传播和发展,逐步形成了自己的社会主义建设思想,形成了自己的民本观。陶铸民本观,既有对于人民幸福的未来美好构建,也有对于现实生活改造的具体规划,所有这些都关注宏观的社会政治改造,从政治视域构建起陶铸民本观的一个主要内容。

陶铸根据马克思主义的立场、观点和方法,着眼于社会生产力和生产关系的矛盾运动,深入研究了社会主义建设理论,形成了他对社会主义的基本观点。从陶铸所发表的《加强对马列主义、毛泽东思想的学习》《宣传工作很重要》《大学生要确立社会主义思想》《没有文化建设不了社会主义》等文章看,其社会主义思想的基本观点呈现出明显的民本基调。

(一) 社会主义思想的基本理念是注重人民生活

十月革命特别是五四运动以来,马克思主义经典作家创立的科学社会主义理论在中国由个别介绍到系统传播。随着科学社会主义理论在中国的传播和发展,人们对科学社会主义的理解逐步加深,最初将社会主义社会看作是一种生产互助协作、生产资料实行公有制、经济得到快速发展、人民生活幸福安康的社会。在社会主义革命和社会主义建设时期,陶铸对于科学社会主义理论有自己的理解,阐述了社会主义的一些特征。

一是社会公有。陶铸基于剥削源于生产资料的私有的认识,认为只有消灭私有制,建立生产资料公有制,才能消灭剥削、消灭压迫,消除两极分化,让人人参加劳动。他从改变劳动者的悲惨命运出发,由创造财富的生产者应当具有对财富的拥有权,而且其生产条件、阶级地位都应当适应"劳工神圣"的道德价值标准。从陶铸民本观的发展轨迹来看,此观点立足于从经济上保障人民权益。陶铸对公有制的认识深受马克思主义创始人的相关理论的影响。社会主义基本经济制度在中国确立之后,他在论述社会主义革命与社会主义建设的规律时,强调由生产资料私有制到社会主义所有制的过渡。"社会主义所有制"实际上是指社会主义公有制。陶铸对社会主义所有制的认识,也是当时大部分中国共产党人的普遍认识。

二是人的自由发展。陶铸认为,社会主义是打破经济的束缚,恢复人民群众的自由。他立足于社会发展和人的发展,必须发展经济,把我国逐步建成社会主义,将来实现共产主义,而提高人民群众的物质和文化水平,是任何国家都一直追求的共同规律。他强调提高人民群众的物质和文化水平,是社会主义建设的根本目的,也是社会主义国家必须遵循的规律,这就关涉到科学社会主义的本质。显见,他从社会主义建设规律认识到民本问题,这也体现了他对社会主义建设规律的深刻把握。人的自由,不仅包括物质上的自由,还应包括精神上的自由,而物质生活大大改善,必将使人们从事文化上的创造活动。

陶铸对社会主义主要特征的上述概括,将生产关系与生产力的矛盾运动统一起来,将打破私有制的革命和提高人民群众的物质文化生活水平结合起来,将经济社会发展与人的自由而全面的发展结合起来。这一概括,体现了他对社会主义本质特征的初步把握。不难看出,重视人民生活是陶铸社会主义思想的一个重要特征。

(二) 社会主义运动的主要着眼点是消除贫富悬殊

社会主义运动,是在科学社会主义理论指导下的完善社会主义制度的社会运动。它既属于理论范畴,也属于实践范畴;既是一种社会运动过程,也是一种社会制度。在陶铸看来,社会主义运动首先使人民群众在经济上摆脱贫穷,在政治上使人人平等。

他认为,两极分化是资本主义制度的必然结果。工业革命使资本主义经济得到了飞速发展,却也使社会弊端日益显现:一方面是农村荒废,另一方面是无产阶级的组织和反抗。"要消灭剥削制度和剥削阶级,建成社会主义社会,这是一场极复杂极艰苦的斗争"。① 陶铸从建立合理的经济制度出发,提出了消除两极分化,强调坚持社会主义公有制。显见,陶铸认为只要建立了社

---

① 本书编辑委员会编:《陶铸文集》,人民出版社 1987 年版,第 93 页。

会主义公有制,就可以消灭剥削,消除两极分化。科学社会主义表明,公有制是社会主义制度的属性,为大多数人谋幸福是社会主义的价值属性。在陶铸的社会主义思想中,这两种属性是密切不可分割的。陶铸的社会主义思想体现了以人为本的人文诉求,也呼应了当时中国社会的现实需要。

(三) 社会主义制度是谋取人类生存幸福的最基本保障

马克思、恩格斯阐述了社会主义的根本任务是维护人民的根本利益,让人民群众真正成为社会的主人,指出:"无产阶级将取得国家政权,并且首先把生产资料变为国家财产",[①]"国家真正作为整个社会的代表所采取的第一个行动,即以社会的名义占有生产资料"。[②] 马克思主义创始人的这一思想,显然为陶铸等共产主义者所接受。陶铸曾指出,社会主义是为了集体的幸福的,每个人都应当服从社会主义的国家利益。社会主义之所以代替资本主义,主要是为了谋取最大多数人的最大幸福。这也表明了陶铸等共产主义者对社会主义的坚定信仰。

陶铸还阐述了马克思主义经典作家关于社会主义的根本任务是发展生产力的思想。他认为,土改的目的就是要摧毁旧的封建的生产关系,建立一个新的生产关系,即摧毁地主阶级的土地所有制,建立农民的土地所有制。土改结束后,要全力转向生产,以便在发展生产中继续改善人民生活。他视社会主义为发展生产、改善人民生活的最佳手段。他认为新的社会制度之所以代替旧的社会制度,源于新的社会制度有马克思主义理论为指导,在中国共产党的领导下更好地发展生产力,以使最大多数人获得最大幸福。

(四) 社会主义社会的根本目的是改善人民生活

陶铸强调,"中国共产党在领导思想上和领导精力上,要全力抓生产,特

---

① 《马克思恩格斯全集》第 20 卷,人民出版社 1971 年版,第 305 页。
② 《马克思恩格斯文集》第 3 卷,人民出版社 2009 年版,第 562 页。

别是要抓紧从改革到生产此一转变上的一些关键问题,才能使党的工作有明确方向"。① 即是说,社会主义社会完成土改、全力转向生产的根本目的在于谋取最大多数人的最大幸福。这个观点的实践意义在于,中国共产党努力建设社会主义的一切活动,归根到底,都是为了解放和发展生产力,改善人民生活。

他认为,在社会主义社会就能实现发展生产力与提高人民生活水平的有机结合。众所周知,要提高人民生活水平,生产力是人类社会的物质基础。在不同性质的社会里,也有不同的生产力判断标准。判断一种社会形态是否进步,主要依据当时的社会生产是为少数人服务,还是为大多数人服务。陶铸多次强调,社会主义社会里,生产力的发展与提高人民生活水平是大体一致的。他说,社会主义的最终目标,不但要使全民物质生活条件好,而且要使全民知识素质好,消灭智力劳动与体力劳动的本质差别。

陶铸的上述表述,蕴含着社会主义条件下大力提高社会生产力,提高人民生活水平的根本要义。这就划出了科学社会主义、资本主义与"贫穷的社会主义"等非科学的社会主义的界线,基本遵循了科学社会主义的本质要求。

陶铸结合社会主义社会生产力与生产关系矛盾运动的规律,论述了人民生活的改善与社会主义社会运行的规律的固有关系。他强调,最大限度地满足人民群众日益增长的物质文化需要是社会主义社会基本经济规律不断运行的结果。他还指出,在社会主义社会,通过生产力和生产关系的矛盾运动,生产力获得最大程度的发展,将社会由"各尽所能,按劳分配"的社会主义阶段逐渐过渡到"各尽所能,按需分配"的共产主义阶段。换言之,人民生活的改善与社会主义社会的内在要求是一致的。

综上所述,一方面,陶铸社会主义思想非常重视以民为本的理念,表现为对社会主义特征的概括和阐述,揭示出社会主义运动的表现形式,反映出社会

---

① 本书编辑委员会编:《陶铸文集》,人民出版社 1987 年版,第 66 页。

主义制度比资本主义制度的优越性,落脚于社会主义社会的根本任务,已经论及到社会主义的本质;另一方面,在陶铸社会主义思想中,从出发点到落脚点,从理论到实践,把人的生存发展问题作为社会主义运动的主要目标,把推动社会主义运动的发展与提高人民群众的生活水平结合起来,从而最广泛地动员广大人民群众积极投身社会主义建设的事业中去,目的是更大程度地保障人民权益,更好地保证人民当家作主。联系到中国特色社会主义的伟大实践,陶铸关于改善人民生活是社会主义旗帜的主张显得意义重大。

二、土地问题是陶铸民本观的重点

在近代,中国逐步沦为半殖民地半封建社会,救国救民一直是历史的主旋律。无数仁人志士在探索救国救民的道路的过程,就是在比较哪一种经济形态最能解放和发展生产力的过程。对此,陶铸强调,"想要为中国人民谋幸福,确保与巩固农民的所有制,不论在巩固土改胜利、安定人心上,不论在刺激农民生产情绪,进一步发展生产上,都有极重大的意义"。① 这是通过解决农民土地问题、发展生产来提高人民生活水平的正确论断。陶铸通过解决农民土地问题的方案,解决广大人民群众最关心、最直接、最现实的生活问题,从经济视域构建起陶铸民本观的另一个主要内容。

(一) 特定的社会形态是土地问题的发轫和民生维艰的根源

社会形态亦称社会性质。马克思主义认为,生产关系伴随着生产力的变化和发展,"生产关系总合起来就构成所谓社会关系,构成所谓社会,并且是构成一个处于一定历史发展阶段上的社会,具有独特的特征的社会"。② 显然,经济基础和上层建筑构成社会形态的基本形式。

在近代,民族资本主义既受到西方资本主义的压迫,又受到本国封建主义

---

① 本书编辑委员会编:《陶铸文集》,人民出版社 1987 年版,第 67 页。
② 《马克思恩格斯文集》第 1 卷,人民出版社 2009 年版,第 724 页。

的阻碍,民族资产阶级具有软弱性。因此,中国既是半殖民地社会,又是半封建社会。这是符合历史唯物主义,也是符合中国的时代特征。

在半殖民地半封建社会里,土地问题成为农民的中心问题。土地私有权成为土地问题的中心,佃租又是土地私有权的基础。这就表明,只要存在地主阶级的土地私有制,农民还要受到地主以及土豪劣绅的剥削。陶铸通过对半殖民地半封建社会形态的分析,还从转嫁捐税、加重佃租、高利贷盘剥等方面揭露了民主革命时期土豪劣绅等地主对农民进行极其残酷的剥削造成农民失去土地、无法生存的事实。这表明,半殖民地半封建社会经济形态既是土地问题的发轫,又是民生维艰的根源。

一般说来,近代中国的社会形态包括政治形态、经济形态和意识形态。民主革命时期,中国社会的政治形态是帝国主义的侵略使中国沦为半殖民地,使中国人民遭受帝国主义的压迫;经济形态的主要特点表现为封建半封建的土地所有制,使农民承受着封建主义的残酷剥削;意识形态的主要特点表现在帝国主义的奴化思想与中国民族主义的激烈交锋。这种社会形态必定造成中国社会土地问题严重、民生困苦。毛泽东指出,在半殖民地半封建的中国,广大农民日益走向贫困甚至破产,"他们过着饥寒交迫的和毫无政治权利的生活。中国人民的贫困和不自由的程度,是世界所少见的"。[①]

（二）土地问题直接引发民生问题

民主革命时期,中国大部分是农业人口,呈现出典型的农业国特征。于是,农民问题成为当时主要的民生问题。即是说,当民族矛盾不再是社会主要矛盾时,农民的生活问题便成为民生问题的主要方面。众所周知,土地既是农民最重要的生产资料,又是农民赖以生存的生活保障。辛亥革命之后,一方面,人口增长很快;另一方面,工业化对土地的需求量扩大,但全国的耕地总量

---

① 《毛泽东选集》第二卷,人民出版社 1991 年版,第 631 页。

却相对稳定。正如马克思、恩格斯所指出,"这个国家的缓慢地但不断地增加的过剩人口,早已使它的社会状况变得为这个民族的大多数人难以忍受"。①所谓"过剩人口",就是指失去土地从传统农业中分离出来却又未转化成工业人口的游民。游民不断增加,是人地矛盾恶化的产物,导致人民生活异常艰难。

陶铸出于对贫苦农民的深切同情,一针见血地指出了民主革命时期土地问题对人民生活的严重危害。在此基础上,他强调,这种土地私有制也是我国国弱民穷的根源,也是帝国主义侵略我国的内在原因。即是说,土地问题的关键原因,由于土地归地主所有,广大人民处于被剥削被宰割的地位。

(三) 民生维艰呼唤土地问题的合理解决

民主革命时期的中国农村,地主兼并土地的现象非常严重,农民受地主残酷压榨,农民无资金投入生产,他们缺乏肥料、牛耕,劳动力浪费严重;他们缺乏生产资料,生产技术落后,农业生产效率低下。农村经济凋敝,农民生活异常艰苦。陶铸把土地问题看作是农村问题的核心和农业经营的基础,强调若土地问题不能得到解决,则农村其他的问题都无从说起。合理解决土地问题,成为社会的强烈呼声,广大农民要求真正实现耕者有其田。耕者指农民,耕者有其田就是说农民必须具有土地使用权,土地归国家所有。实现耕者有其田,农民就获得了经济自主权,就增强了投身生产和革命的积极性,地主就丧失了剥削农民的根基,农民就有望改变自己的生活与命运。

首先,陶铸从推进农民运动的角度阐述了解决农民土地问题的必要性。国民革命后期,革命高潮兴起,广大农民成为国民革命的主力同盟军。如果没有农民参加革命,国民革命就没有坚实的基础。从这个意义上说,中国的革命实际上就是农民的革命。基于对现实情况的深入分析,要动员农民积极参加革命,就要解决农民最迫切最根本的利益问题即土地要求。只有合理解决土

---

① 《马克思恩格斯全集》第10卷,人民出版社1998年版,第277页。

地问题,才能进一步推动农民运动,这是出生于小知识分子家庭的陶铸基于农民对未来美好生活的追求得出的正确结论。

其次,陶铸基于不断扩大的佃农队伍,强调合理解决农民土地问题的紧迫性。当时,几乎所有的军阀、官僚也是占有广袤土地的大地主,他们大量掠夺土地,加速了土地集中于少数人的速度。多数自耕农降而为佃农,则成自然趋势。不难看出,随着佃农增加,农民受剥削程度加深,生计困难,生活维艰。历史证明,只有中国共产党领导新民主主义革命,才能真正实现耕者有其田,合理解决农民的土地问题。

最后,陶铸从粮食产量严重不足的角度指出了合理解决土地问题的重要性。当时农民遭受沉重剥削,土地荒芜严重,农业投入不够,生产效率低下,哪怕就是在经济形势相对较好的 20 世纪 30 年代,农产品数量也严重不足。遇有战争,粮食产量大幅下降,只能靠进口来弥补一部分。解放战争时期,国统区政府粮食进口大减,受伤害最大的是农民,他们终日辛勤劳作,却难得一日温饱。中国是一个农业国,粮食不能自给,依赖从外国进口,由此导致农村经济的破产和农民问题的产生。陶铸认为,农民问题的中心是土地问题,土地问题不解决,农村经济不能复苏,人民生活困难。显然,陶铸立足于农民生活问题,强调了解决农民土地问题的重要性。

(四) 土地国有化是改善人民生活的关键

列宁是最早提出土地国有概念的马克思主义经典作家。他说,"土地国有化就是全部土地收归国家所有。所谓归国家所有,就是说国家政权机关有权获得地租、有权规定全国共同的土地占有和土地使用的规则"。[①] 列宁把国家对土地的所有权分为占有权、支配权和使用权。这表明,土地国有化是解决农民土地问题的关键。陶铸立足于国内的现实,从改善人民生活的目的出发,

---

① 《列宁全集》第 16 卷,人民出版社 1988 年版,第 302 页。

明确指出,农业劳动者和佃农的生活问题,成了主要的社会问题,其中土地问题成了中心问题,土地国有化成为普遍趋势。

陶铸根据人与土地的关系把社会划分为无所有权、共同团体共有共用、共同团体所有而归私家使用、个人私有、土地国有等五个时期,他考察了地主土地私有制形成的原因,论证了农民贫困的原因。其结论表明,废除土地私有制对于社会的进步、改变农民生活具有重要作用,因为农民没有土地,就无法生产,否认农民的土地所有权,就否认农民占有产品的权利,正如美国学者乔治指出的那样,"承认土地的个人所有就是否认其他个人的自然权力。这个错误必然表现为财产的不平等分配"。① 陶铸强调,土地私有状态,一定要转移到人人都能生存的新式共有状态。所谓"新式共有状态"就是指土地国有,从而指出了土地国有取代土地私有的必然性。陶铸的观点表明,实现土地国有是手段,而实现农民的土地使用权才是目的,从而实现"人人都能生存"、改善人民生活的最终目标。

众所周知,孙中山提出的新三民主义主张耕者有其田,实行土地公有,农民使用,国家向农民征收地税。陶铸的土地国有思想带有一定的新三民主义痕迹。但是,二者有很大区别。其一,新三民主义提出国家对地主的土地按价收买,而不是没收。陶铸认为这带有一定的空想性,认为在农民迫切需要土地时,国家拿不出巨额资金收买土地。后来中国社会的走向也证明了陶铸这种观点是符合实际的。其二,陶铸更加注重农民利益,除强调农民对土地的永久性使用权外,还主张国家要根据农民的需要处理地主的土地。这也说明,陶铸探讨土地问题时注重农民利益的最大化。

俄国十月革命后颁布的《土地法令》规定废除地主土地所有制,实行土地国有化。"若是俄国的都会和工厂的无产阶级,对于富裕农民而不能把农村的贫农引为自己的同志,这时候,才能够说俄国社会主义革命机会尚未成

---

① [美]亨利·乔治著:《进步与贫困》,吴良健、王易龙译,商务印书馆1995年版,第288页。

熟"。① 显然,十月革命之所以取得胜利,主要在于布尔什维克党把农民作为同盟军,实行了正确的土地政策,才获得农民的大力支持。

陶铸对土地所有权的探究,具有以下特点:首先,运用唯物辩证法,揭示出土地所有制演进的一般规律。虽然各国的物质条件、生活状态、人文环境和民族性不同,导致各国土地所有权演进的时间、程序和途径有差别,但是由土地国有最终过渡到大同世界的趋势是一致的。其次,土地所有权随着社会生活不断变迁和发展。他遵循生产力与生产关系不断发展的矛盾运动,揭示出生产力是推动人类社会发展的根本动力,认定土地所有权变迁的根本动力是生产力的发展。再次,根据唯物史观,他认为土地私有和土地国有是历史的范畴,都有其产生、发展、消亡的历史过程。这就表明,陶铸正确地运用马克思主义的立场、观点和方法,科学考察了土地所有权的变迁。

综上所述,正如毛泽东所言:"土地问题不解决,经济落后的国家不能增加生产力,不能解决农民的生活痛苦,不能改良土地"。② 基于这一正确的认识,中国共产党人把解决农民土地问题与进行革命的目标结合起来,在中国革命的不同时期不断调整土地政策,逐步实现党在不同革命阶段的纲领和策略,最终通过土地革命或土地改革不断取得革命的胜利,大大推动民族独立和解放的进程。纵观中国近代革命史,土地问题是中国革命的中心问题,只有解决土地问题,才能充分发挥农民参加革命的积极性。陶铸适时把握革命发展规律,运用马克思主义地租理论探究土地问题的实质,借助土地问题的分析认清当时的基本国情,再根据列宁的土地国有思想提出了彻底解决土地问题的初步方案。陶铸深刻认识到,要彻底解决中国近代的产业问题和土地问题,必须以马克思主义理论为根本指导,坚持中国共产党的领导,完成新民主主义革命和社会主义革命的任务,从而提高人民群众的生活水平。

---

① 李达:《劳农俄国研究》,商务印书馆 1922 年版,第 230 页。
② 《毛泽东文集》第一卷,人民出版社 1993 年版,第 43 页。

三、调查研究是陶铸民本观的基础

陶铸民本观的特点就是全心全意做好群众工作。群众工作是我党开展工作的根本和基础,是我党的力量源泉和胜利源泉,是我党取得革命胜利、建设发展的根本保证。我党历来十分重视群众工作,一个好的群众工作方法是我党开展各项工作的有力保证。我党积极探索有效的群众工作方法,坚持调查研究,提升群众工作的效率,提高群众工作的质量。

陶铸在革命奋斗生涯中不仅积累了丰富的群众工作经验,而且也逐渐形成了一套较系统的调查研究方法。

(一) 陶铸坚持调查研究的历史条件

陶铸同志的一生是光荣的一生,因为他在社会主义革命和社会主义建设时期为广大人民群众排忧解难,深受人民群众的爱戴;他的一生是奉献的一生,因为他在多种多样群众工作的开展中逐渐形成了一套较系统的群众工作方法,对于我们夺取革命胜利和新中国的建设发展立下了汗马功劳。

陶铸从小失去了父亲,生活的压力可想而知,这段艰苦的岁月,磨炼了他的意志,养成其坚忍不拔、勤劳朴素的品格,帮助他克服、战胜在之后的革命斗争和建设中遇到的各种困难。正是由于陶铸的这段艰苦的岁月,让他知道了生活的不易,特别是作为农民的不易,这使他在之后的革命斗争和建设中开展群众工作更加注重倾听民生民意,更加注重实地察看民生民情。正是由于陶铸的这段艰苦的岁月,让他懂得了读书机会的来之不易,让他知道了读书的重要性,这也促使他在之后的革命斗争和建设中重视文教工作,重视人才的培育。正是由于陶铸的这段艰苦岁月,也为其民本观的形成夯实了坚实的基础。

新中国建设时期,陶铸担任了党和国家的重要职务,并时刻坚守着"在其位,谋其职"的根本原则,为党和国家、为人民办了许多实事。他在担任中共广西壮族自治区省委代理书记时,通过多方面调查研究为广西剿匪的决策做好了充分的准备,最终肃清了国民党残余武装力量,夺取了斗争的胜利。他在担任广东省省长兼中共广东省委书记时期,首先是帮助广东地区胜利完成了土改任务,恢复了工农商业生产;其次是领导创办了《羊城晚报》等人民群众所喜闻乐见的报纸,建起珠江电影制片厂等一些重要的文化设施;再次是谋划了"安居工程",将世世代代生活在破旧木船上的"水上人家"移居到陆上安居,结束了"以船为家"的历史;等等。陶铸在新中国成立后开展群众工作的这段时期,也正是其坚持调查研究的方法得到不断完善的时期。在多样的群众工作开展中,其民本观也逐渐完善成一套较为系统的、具有突出特色的理论。

(二) 陶铸坚持调查研究的路径

调查是指面向不同的群体、运用多样的方式方法、借用各种途径有针对性地对事物的本质进行了解。研究是对前期调查所采集到的信息进行整合加工,去伪存真、披沙拣金、由浅入深的过程,是为了获得对事物的本质和规律的认识。调查是研究的基础和前提,研究是调查的发展和深化,二者相辅相成。而试验作为具体的实践,则是调查研究的一个重要方法,是认识的来源。调查研究是了解情况、摸清实际,是制定方针政策、提出任务的前提条件,试验则是检验调查研究的实效,是完善调查研究的第一步。

陶铸深受广大人民群众的爱戴。他在革命斗争和建设时期开展群众工作时十分注重调查研究工作。正所谓"知屋漏者在宇下,知政失者在草野",他认为在开展工作之前首先要深入当地、要走访群众、要察看实际情况、要对当时的情与景有客观的、全面的、整体的把握才能促使工作更好更快地完成,才能使工作更加符合人民群众的切身利益,才能使工作真正地落实到位,真正地惠及民生。

1.宣传教育与保护农民新的生产关系

宣传其实就是信息的传播。宣传者通过多种途径、运用不同的方式向接受者传递信息,以达到使他们相信并跟随行动的目的。而教育又是宣传易于依靠的方式,人们通过接受教育获得对社会与自然的各种认知,形成符合社会主流的世界观、人生观、价值观。宣传与教育二者是互补的,一方面宣传在一定程度上依附于教育,依赖教育进行宣传;另一方面教育在一定程度需要借助宣传的力量来达到人人遵循的目的。

陶铸在革命斗争和建设中开展群众工作时沿袭了中国共产党历来都非常重视宣传和教育工作的传统,一直十分重视舆论宣传的开展。

广东地区土地改革完成之后,虽然摧毁了地主阶级的土地私有制,但是也让大部分农民产生了中国共产党也要消灭其他阶级阶层所有的私有制的错觉。这种错误、糊涂的观念不仅影响了党群干群关系鱼水之情,也使部分农民越来越谨小慎微。例如,当时农村中有的农民口粮不能满足一家人吃饭,有的农民家中的粮食不仅能够满足自家人吃饭还能够有所剩余,但这些剩余的粮食却不敢外借给那些缺少口粮的家庭。这样就导致农民群众不能互通有无,不能解决吃饭的难题。在土地改革完成之后,对分得了土地后是否拥有合法的使用权,持有怀疑。对此,陶铸通过调查研究,了解农民存在的问题和疑虑,提出应在全省开展政策宣传,宣传土地革命的胜利,宣传保护农村新的生产关系,从而达到消除心中疑虑,破解他们糊涂的观念,让他们树立勤劳致富的正确观念的目的。

2. 深入群众,自我批评与勇于担责

孟子曾说:"行有不得者,皆反求诸己"。自我批评犹如一面镜子,让我们看到自己的不足,为我们注明改正的地方、为我们指明完善的方向。而勇于担责则是自我批评的必然结果。通过自我批评这面镜子照明不足,通过承担责任来进行改正、完善。二者犹如鸟之两翼、车之两轮,一起推动着党、国家和个人更好更快地向前发展。

陶铸是中国共产党的优秀党员,在开展群众工作时历来注重自我批评以促进工作顺利地开展,对于自己在工作中出现的失误勇于担责。金无足赤,人

无完人。他在以往革命斗争和建设中开展群众工作时也出现过一些激进、一些"左"的错误。"大跃进"时期，各地竞"放卫星"，一时"捷报"频传。在这一时期，陶铸也跟着"大气候"，跟着追求高产的"大卫星"。在这浮夸风的势头下，不仅造成了当年广东地区粮食减产、一些地方出现了浮肿病，还导致广东地区林木缺乏、水土流失，造成了难以恢复的生态平衡破坏。面对着工农业的严峻形势，看到"浮夸"风后工农业面临的严重问题时，陶铸对于信赖他的广大人民群众感到十分愧疚。

在 1959 年的汕头会议上公开检讨高指标、瞎指挥、浮夸风，并把检讨写成《总路线与工作方法》的文章在报纸上公开发表；在 1959 年秋的潮安县群众大会上说："我到这里来是向全县人民作检讨的。① 我搞'反瞒产'，使群众饿了肚子，干部受了委屈。今后再也不能搞浮夸，要靠实事求是过日子。"陶铸在认识到自己的错误后，也积极地通过自己的实际行动来弥补自己的失误。他立马转变方向、立足于广东地区的实际，致力于广东地区的发展。他的这种自我批评和勇于担责的行为不仅令人钦佩，也值得我们每一个人学习。

3. "三不准""三不吃""三同"准则

"三不准"即不准迎送、不准请客、不准送礼；"三不吃"即不吃鸡、不吃肉、不吃鱼；"三同"即同吃、同住、同劳动。直抵人心的简简单单的文字，却蕴含了深刻的道理，道出了身为一名共产党员应遵守的行为准则。这不仅是陶铸同志对自身的高要求、高标准，更是他对于广大党员干部的一种要求、一种期待。

陶铸在革命斗争和建设中开展群众工作始终秉持着、践行着"三不准""三不吃""三同"的行为准则，他的一言一行既便于更好地深入调研、更好地体察人民群众的疾苦，也受到了广大人民群众的认可与爱戴，为我们党、为我们国家树立起勤俭节约、艰苦朴素、体察民情、关心民生的良好形象。

---

① 蒋艳丽：《论陶铸调查研究的特色》，《南华大学学报》（社会科学版）2013 年第 1 期。

新中国成立初期,陶铸主政广东期间,有一次带领几个干部到下面的县进行调研时,当地的县领导设宴款待,但当他看到桌上的鸡鸭鱼肉这些食物时,顿感恼火,当即便毫不留情地对当地的领导干部进行了一顿批评教育。此后,每当陶铸打算前去什么地方搞视察、检查和指导工作时,总是要事先"约法三章",立下"三不准""三不吃"的规矩,谁违反了就追究谁的责任。与此同时,陶铸做调查研究,为了更好地体察民情,更好地深入到群众中去,始终坚持与广大人民群众同吃、同住、同劳动。他的这种勤俭节约、廉洁奉公、实事求是的精神和对待工作的态度体现了一个党员领导干部清正为民的崇高品质。

4.改善作风,入村蹲点

陶铸于1963年在中共中央中南局机关党员干部会议上的讲话中指出,干部必须改善工作作风,只有把作风搞好了,才能把工作搞好,没有优良的作风是搞不好工作的。绝大多数同志作风是好的,但也有个别同志的确存在问题,必须彻底整顿作风。好的作风是什么呢?有三条标准,第一,加强学习,认真学习马列主义、毛泽东思想,真正提高理论水平,做一个合格的共产党员;第二,要具有高度的党性和很强的原则性,工作勤恳,谦虚谨慎;第三,艰苦朴素,保持节俭的生活作风,坚决同各种奢侈浪费、腐化堕落的坏现象作斗争。

整顿作风的方法,还是经过学习、教育、检查、提高的办法,但对个别很恶劣的同志必须严肃进行组织处理;同时,要严格党的组织生活,开展批评和自我批评,接受党的监督;要使学习制度严格起来。通过整顿作风,要使党风为之一变,做到政治空气、原则空气、学习空气都很浓,就是大家都关心党和国家大事,关心群众生活,而不是斤斤计较个人的事情;大家都坚持党的原则,与违背原则的现象作斗争;大家都认真学习马克思列宁主义,多学习,少为个人的事情花费精力。①

为了落实党员干部会议精神,切实改善工作作风,陶铸带头下乡蹲点,及

---

① 本书编辑委员会编:《陶铸文集》,人民出版社1987年版,第293页。

时了解农业、农村、农民的真实情况。

给民送"真经",农民增产两位数。陶铸率先深入农村,到农民中调查研究。几十年革命生涯,让他懂得在中国要取得一切革命的成功,党必须代表大多数人的利益,而这个大多数非农民莫属。新中国成立初期,担任中共广东省委第一书记没有多久,他就果断地提出,把全省工作的重点放在农村。1963年,他在广州北部花都区鸭湖村(今广东省广州市花都区炭步镇下辖村)蹲点搞"四清",推广生产责任制的"真经",一心一意想让农民富裕起来。

提出"4个1",农民开展多种经营。陶铸工作起来就像是一团火,1964年在广东花县三级干部大会上,陶铸向全县提出了"4个1"的任务:即每亩产粮1000斤,人均年收入100元,每个生产队积累1000元,全县向国家贡献余粮1亿斤。提出任务后,他还帮助农民出点子、想办法,开展多种经营,改变单一的生产布局。这些举措把花县农民心中的热情点燃起来,到年底,"4个1"的目标超额完成。

向党负责就要下到群众中去。陶铸于1964年4月20日在中共河南省委三级干部会议上的讲话中指出,领导干部若要真正把工作做好,不犯错误,一定要坚决执行毛主席的指示,到群众中去搞调查研究,要从实际出发,按照实际情况办事。凡是领导干部解决不了的问题,就去调查,去请教群众,按照实际情况办事,不是按照主观愿望办事。

要把调查研究之风兴起来,并不简单,讲起来容易,落实就比较难。真正要搞好调查研究,必须解决以下三个问题。

一是真正下去。具体下到什么地方呢? 要下到生产队。把下去造成一种舆论和风气才行。目前这种舆论、风气还不够。在干部中造成一种舆论,造成一种风气,使他们感到不下去不光彩。如果是真正的马克思主义者,一定要从实际出发,为什么不下去? 为什么老坐在机关里? 为什么不到群众中去? 领导干部做工作,要形成群众的舆论,由群众监督,如果全党形成这样的风气,工作就好做了。

二是党内要形成高度的民主风气。如果党内没有形成高度的民主风气，是不容易搞好调查研究的。高度的民主风气，就是敢于提不同的意见，敢于从各个方面提出问题的风气。要形成党内民主风气，还有一个问题必须解决，就是向党负责还是向群众负责。实际上，向党负责就是向群众负责，向群众负责就是向党负责。群众的正确意见一定要反映在党的政策上，真正落实群众的意见就是正确执行了党的政策。应当把党的政策到群众中去宣传，如果群众多数觉得好，那就好；群众多数觉得有问题，一方面向上级反映，一方面按照群众的意见办事。这既是向党负责，也是向群众负责。

三是从实际出发，是进行调查研究的根本方法。是真调查研究还是假调查研究，是认真负责地进行调查研究，还是形式主义的调查研究，其主要的区别就在是否从实际出发。调查研究是解决问题的手段和方法，通过这个手段和方法，来得出正确的结论，以便把问题解决好。①

为了落实河南三级干部会议精神，陶铸身先士卒，率先垂范，坚持从实际出发开展农村工作，以检验实际效果。

他与农民同吃同住同劳动，喜欢叫农民"老虎仔"。陶铸作为中共中央中南局第一书记号召党员干部要大兴调查研究之风，自己带头深入农村，来到农民家里，了解实际情况。与农民交朋友，从不凌驾于群众之上。他与农民群众打成一片，在群众面前从不摆架子。人们常常看见他在鸭湖村头的大榕树下摇着葵扇与农民们促膝谈心的情景，他还经常坐在草坡田埂上或与农民去放牛，与农民谈话，为的是掌握实情，了解农民的真情实感。

5. 留住人才建设家乡

陶铸于1961年2月12日在中共河南省委三级干部会议上讲话时指出，近年来出现了一些混乱情况，主要是思想方法上渗入了不少唯心观点，形而上学的片面观点，不顾实际情况，凭主观愿望办事。这些问题必须加以澄清解

---

① 本书编辑委员会编：《陶铸文集》，人民出版社1987年版，第296页。

决。怎么解决呢?

第一,既要重视群众的创造能力和人的作用,重视思想工作,又必须重视一定的物质条件的作用,完全不讲物质条件是做不好工作的。

第二,要在实践中不断检验认识是否正确,通过实践不断地补充和修正自己的认识,与客观情况不相符的要坚决地迅速地改正。

第三,要依靠广大人民。只有真正的有群众观点的人和真正走群众路线的人,才能更好地接近实际,认识客观,也才能克服困难,做好工作。①

为了落实上述会议精神,陶铸坚持从大局出发,整体一盘棋,千方百计吸引人才,留住人才。

首先,陶铸请客留人才,青年回乡洒热血。建设社会主义事业需要大量的人才,为了留住人才,他想了许多卓有成效的办法。1963 年到排灌站检查工作,陶铸摆了好几盘挂绿荔枝热情地招待了年轻人,其中就包括在排灌站工作的张文渠。陶铸说:"人的一生就是从四条腿,到两条腿,再到三条腿,最后被四个人八条腿抬到后山上埋掉了事,所以人生是很短暂的。人活一世总要做些有意义的事情。你们青年有文化、有知识,农民需要你们,在农村大有作为,你们完全可以在农村成就一番事业。"这些年轻人对此非常感动,他们对这段话记忆犹新,立志扎根家乡这片沃土建设新农村。

其次,陶铸投放国家储备粮解困,农民终身不忘恩。在筹备陶铸 100 周年纪念的时期,时任祁阳县委书记蒋涛讲起陶铸在三年困难时期,对故乡几十万人的救助、关怀。他说:"在我们祁阳,凡是四十几岁的人,没有不知道陶铸这个名字的。"为什么呢?"陶铸投放国家储备粮,解散公共食堂,让祁阳几十万人口没有出现大面积死亡。"

当陶铸回乡探望多年未见的年迈母亲时,他母亲说:"快去看看乡亲们,粮食不够吃,饿坏了。"走出家门,陶铸正好遇到一群小朋友,本应是活蹦乱

---

① 本书编辑委员会编:《陶铸文集》,人民出版社 1987 年版,第 231 页。

跳、打打闹闹的年纪,却是摇摇晃晃东倒西歪的样子。陶铸的心情很沉重。在潘家埠(今祁阳市潘市镇)公社卫生院,他一一挽起农民的裤腿,用手捏农民的腿肚,发现很多人患了水肿病。陶铸抑制住心头的伤感,对在座的农民和公社干部做检讨,说了一番感人肺腑的话:"潘家埠是个好地方,祁阳是个好地方,搞成这个样子,我很难过。是我的工作没有做好。"

四、济世救民是陶铸民本观的主题

在社会主义革命和社会主义建设的伟大实践中,陶铸深刻体察民情,体恤民生,了解民意,为民解困分忧,鞠躬尽瘁,具有深厚的重民、恤民、养民理念。这些理念有很大一部分体现在他创作的诗词中。《陶铸文集》收录了陶铸的诗词50多首。从陶铸诗词来研究其民本观,立足于诗歌作品,以其诗词反映的内在意蕴,对其诗词中的民本观作较深入的探究,就会发现其中蕴含的济世救民的主题。

(一)坚守初心和恤民爱民是其民本观的发展动力

陶铸对于人民的冷暖、疾苦给予深切关怀。他提出了共产党员应关心人民生活,不关心人民群众生活的不是好干部等。他的诗词不断激发读者对现实世界的挚爱,从而激励人们对现实社会的思考,鼓励人民充分发挥想象力热爱大自然,从而达到热爱人民,关心人民生活的目的。陶铸在《慰抗洪战士归来》一文中就表达了这种意境:"入春风雨尚均匀,莫道天公恩惠深。狂霰袭来瓦欲裂,恶涛卷到岳为倾。人民自有回天力,蛇蝎难施蛊毒针。我信奇迹现秋后,灾痕不见见新村。"他坚信人民群众拥有强大的力量。很显然,诗人将这种现实世界的相似性与隐喻、夸张结合起来的过程就是诗词创作的过程,或者说是他力求将强烈的民本观通过诗词表达出来的过程。

对陶铸来说,重民、恤民、爱民的民本观是始终一贯的,在革命战争年代,他开展汤池训练班,培养抗日力量,为的是使老百姓得解放,过上稳定的生活;

被关押在敌人的监狱里,他坚强不屈,与敌人展开了面对面的斗争,为的是争取全国解放;新中国成立后,主政中南局和广东省工作,给水上居民谋划安居工程,开展植树造林……所有这些都是保民、爱民、恤民的体现。

《舟过虎门》:"飞舟过虎门,浪阔海云深。敌氛余已靖,应以慰关林。"由此,陶铸发出强有力的声音:"应以慰关林"。以此表明为了慰藉革命先烈,自己至死也要建设好祖国,也表达了为人民谋幸福的勇气和决心。一个具有爱民恤民之心的共产党员心中装的是人民,想的是为人民谋幸福,在议事日程上是制定蓝图,在行动上是贯彻落实,只有将社会主义祖国建设得更美好,才是对爱国志士的最好的慰藉。

(二) 强烈的民本情怀和爱民养民是其民本观的发展宗旨

陶铸的民本观受到屈原、魏源、谭嗣同等湘楚文化和湖湘文化中"心忧天下,敢为人先"的精神影响,形成了自己忧民、爱民、执着、浪漫、豁达大度的优良品质,"我欲问天何聩聩,漫凭热血哭施罗"。同时,受到中国传统文化经世致用思想的影响,陶铸培育了"以天下为己任"的强烈的爱国主义精神,敢于扬善惩恶、敢于胜利的民族精神,这在其诗词中也有体现。"寇深日亟已无家,策马洪山踏日斜。风自寒人人自瘦,拼将赤血灌春花!"诗中揭露了日本帝国主义侵华战争的罪行,表达了诗人在湖北省大洪山组织抗日游击战争,誓死抗战的决心和勇气。

面对日寇侵略、山河破碎、民不聊生的状况,陶铸表达了在中国共产党领导下,一定能打败日本侵略者的勇气,"遥望延城光万丈,轮声欲起夕阳红"。诗人号召爱国青年深怀报国之志,为民请命,在党中央的正确领导下,抵御外侮,抗战到底,表现了陶铸敢于胜利的壮志和情怀。1937年,陶铸在武汉筹建了汤池训练班,他率领这批革命青年,高唱着抗战革命歌曲踏上了抗日的征途。"前进! 中国的青年! 抗战! 中国的青年! 校园的责任落在我们的两肩!"他就是用抗战的革命歌曲教育大家,鼓舞大家沿着毛主席开辟的革命道路奋勇前进！这与儒家文化倡导的以天下为己任的担当精神是一脉相承的。他具有胸怀天下，顶天立地，强调要勇于担当民族复兴的大任。"八一红旗卷岭南，汤坑鏖战日无光。……千秋事业原非易，莫讶人间一瓣香！"表达了参加革命异常艰辛，斗争十分激烈，充满着曲折性。

1942年，是中国人民抗日战争进入艰难困苦的时期，日寇对我解放区进行大"扫荡"，左权将军在指挥太行山区的一次反"扫荡"战役中，英勇牺牲了。陶铸赋诗一首《悼左权将军》："成仁有志花应碧，杀敌流红土亦香。外患仍殷怀砥柱，内忧未艾叹萧墙。……此日三军同痛哭，河山誓死逐强梁"。表达了他对抗日英雄的无限追思，一定要化悲痛为力量，团结协力，一致对外，打败日本侵略者，解放全中国，以此事告慰牺牲将士的在天之灵。体现了诗人救民于水火的执着和坚定信念，也表达了诗人的革命情怀。随着中国共产党领导的抗日游击战争的不断深入，开展了延安整风运动，对敌占区开展了反"扫荡"运动，充分发动人民群众，实行全民抗战，并以此制定了正确的斗争策略，打败日本侵略者，打出了中国人民的威信和气势。凸显了正义的革命事业必胜的坚定信念。

关于人民群众在社会主义革命和社会主义建设中的地位，陶铸始终肯定并认为群众是社会主义革命和建设的主体，是创造历史的主人。"太息崖门葬烈魂，遗碑不见吊何言？纵使三臣能复国，也难五族共图存。于今四海同亲日，海水何分上下门！"诗人一是赞叹新中国成立后各民族团结之美景；二是感叹历史上一些仁人志士的无限思念和崇敬，认为这些仁人志士为了忠君爱国勇于献身，对他们的忠诚和勇气无限钦佩。既表达了诗人怀古抚今，感叹民族大团结的喜悦之情，又表达了诗人主政中南局以后，更要施展一番本领，发展好经济，为进一步促进民族团结和人民幸福贡献自己的力量。

陶铸清醒认识并深刻把握历史规律。1958年，诗人到海陵岛检查春耕工作，赋诗一首："帝子南来竟不回，海陵荒冢对斜晖……且喜望天勤水利，更惊穷垌养鱼肥，千斤粮产期明日，一道长堤接翠微！"表达了诗人充分发挥农民群众的作用,兴修水利,劲往一处使,一定能获得农业丰收,充分肯定了农民群众的主体作用。

1958年,陶铸参观珠江出海口的虎门,赋诗一首:"飞舟过虎门,浪阔海云深。敌氛余已靖,应以慰关林"。诗人赞赏只有充分发动人民群众英勇抗敌,平息敌人的嚣张气焰,才能取得革命战争的胜利,从而可以告慰百年前英勇抗敌的关天培、林则徐两位民族英雄。字里行间洋溢着人民群众才是真正的英雄,更加坚定了继续进行社会主义革命和建设的信心和勇气,表达了对社会主义革命和建设的执着与自信。

1957年夏,陶铸到广东乐昌县检查工作,重过九峰山时,赋诗一首:"三十年前此地过,山头独立恨难磨……挥戈永赖英明策,返日终奏胜利歌。重睹峰峦青翠甚,桃源从此绝秦苛?"诗人忆起当年起义失败的危难使自己心情不能平静,认识到要取得中国革命的胜利,就必须依靠党中央的英明决策,充分发挥人民群众的主动性和创造性,打一场人民的战争。从而认识到,只有依靠人民群众的力量,才能取得革命最后的胜利。

陶铸诗词蕴含丰富的群众史观。中国社会主义革命和建设的历史过程就是广大人民群众积极参与并充分发挥其主体作用的过程。人民群众在不断追求民族独立和人民解放,中国共产党的初心就是为人民谋幸福,实现中华民族的伟大复兴,人民群众的向往和中国共产党的奋斗目标相一致时,人民群众就会迸发出巨大的劳动热情,努力拼搏,为社会主义事业的伟大胜利贡献自己的聪明才智。

五、体察民情是陶铸民本观的初心

陶铸心里装着人民,总是体察民情。古人以诗言志,陶铸却是以文传神,要求自己要具有松树的风格,同时也号召他人要具有松树的风格。松树的风格究竟是什么呢?主要表现在如下几个方面:一是松树的生命力很强,在恶劣环境下仍然挺拔、茁壮成长;二是松树具有自我牺牲的精神,奉献自己,成就他人;三是松树具有乐观主义精神,不知忧郁和畏惧,给人以启发。陶铸一生虽历经坎坷,然而他在处于人生最困难的时期仍然践行了松树的精神。从陶铸作报告、讲话及其践行群众路线的行动当中,我们领会到了他那具有松风精神的高尚品质和对民情的体察,这其中既包括他在工作上具有松风精神,也包括他在学习和生活上具有松风精神,还包括他在对人民群众的生产、生活上具有松风精神。

(一) 深入群众、体察民情是陶铸民本观的特色

陶铸一生都在践行深入群众、体察民情,表现在养民、富民等民本理念方面:食为民天,重视生产;止于至善,必在亲民;以身奉民,民则就之。其民本观具有独特性,与中国共产党的初心使命是相一致的。

1. 政治上,反映了一心为民的本色

大革命失败以后,陶铸参加了南昌起义、广州起义,成功组织了厦门劫狱。他逐渐认识到,中国共产党受到拥护的核心是坚持把人民的利益放在第一位,而且只有坚持把人民的利益放在第一位,人民才会拥护党。另外,人民群众有一颗爱国之心,但需要一个先进组织来引领,将他们团结起来,这个先进组织就是中国共产党。要保持党组织的先进性、纯洁性,党的领导干部必须深入群众,体察民情。陶铸等老一辈无产阶级革命家心里总是装着人民,忘我工作,目的只有一个——让人民过上好日子。邓小平在南方谈话中,概括了社会主义的本质:"社会主义的本质,是解放生产力,发展生产力,消灭剥削,消除两极分化,最终达到共同富裕。"[①]这也表述了社会主义的历史使命。陶铸政治坚定,一心为民,有了这种精神,就具有了战无不胜的力量。

2. 经济上,反映了中国社会"以农立国"的特性

我国是一个"以农立国"的国家,农民占全国人口的绝大多数,中国共产

---

① 《邓小平文选》第三卷,人民出版社 1993 年版,第 373 页。

党要想在这样的国家保持长期执政,必须要带领人民改变贫穷落后的状况。陶铸作为党的领导干部,勤于政事,体察民情,他要做的工作很多,而且要做得更好,才能对人民群众更有利。要想改变人民群众的生活状态和精神面貌,需要党组织一心想着群众,带领群众脱贫致富,才能使社会进步,从而得到人民的拥护。陶铸勤奋工作,以"只争朝夕"的精神去促进国家发展。精神的力量是无穷的,有了这种精神我们做任何工作都有使不完的劲。

3.文化上,反映了中华传统文化的励志特性

文化的力量是无穷的,一个民族的血液里流淌着这个民族的传统文化的基因。功利主义,即效益主义是道德哲学(伦理学)中的一个理论,提倡追求"最大幸福"。中华民族自古就有自力更生、艰苦奋斗的精神。陶铸深受中华民族传统文化的熏陶,他深深懂得中国共产党革命、建设的目的是全心全意为人民服务。只要为了人民的利益,赴汤蹈火、万死不辞,这是党的领导干部具有深入群众、体察民情的精神,也是党的宗旨所在。就靠这样一个目标,我党取得了人民的信任,带领全国人民取得了一个又一个伟大的胜利。这就是中华传统文化的根。

(二) 陶铸用心体察民情民意

陶铸的民本观具有独特的个性,尤其是他的"松风精神"和"心底无私天地宽"的高尚品德感动了一代又一代人。① 他用心体察民情民意表现在许多方面,其中有工作上兢兢业业、一丝不苟,也有工作外潜移默化;有他对干部的表扬与鼓励当中,也有他对党员干部的批评教育当中;有工作指导和经验传授,也有对未来社会的谋划和未雨绸缪。

陶铸为了社会主义革命和建设事业,为了使千千万万的人民群众摆脱贫困,过上幸福生活,老一辈革命家舍小家为大家,总是先公后私,先人后己,他

---

① 吴海文:《论陶铸民本思想的家族文化渊源及其当代意义》,《南华大学学报》(社会科学版)2016年第5期。

身先士卒,吃苦在前,享乐在后。有了这种深入群众、体察民情的精神,才能做到舍生取义,即使"文化大革命"时期蒙冤,他也坚持守护正义。

陶铸有一种坚强的理想信念,共产党员就应为人民服务,当官大小都无所谓,就是要干革命,当一名真正的共产党员就行。有了这种精神,无论在革命、建设和改革中都能取得胜利。

在处理义与利、公与私的矛盾时,陶铸总是选择公是公,私是私,决不以权谋私,他首先想到政府的困难、普通老百姓的处境,从不利用自己的影响力谋私利。陶铸担任中南局书记、广东省委第一书记时,老家祁阳县也有几个亲戚去找他,陶铸和曾志同志说,当初革命的目的就是为了使人民得解放,让农民有地种。现在革命胜利了,农民能种地,这是大好事,农民们应当安心于农村,不要总是想到城里工作。

老一辈无产阶级革命家心怀天下,一切为了国家,一切为了人民的利益,唯独没有自己的利益。他们一贯坚持公私分明,毫不利己,专门利人,陶铸这种深入群众、体察民情的精神应代代相传。

新时代,党员干部学习陶铸深入群众、体察民情的精神,只要为了人民的利益,应一往直前,决不动摇,明知前面有艰险,越是艰险越向前。在实现中华民族伟大复兴的征程中,要以陶铸深入群众、体察民情的精神为动力,坚持以人民为中心的思想,要勤于做工作,善于做工作,要取得成效。

第一,我们要有坚定的信念,坚信中华民族的伟大复兴的中国梦一定会实现,凭借抓铁有痕的决心和勇气,一定能取得最后胜利。发扬陶铸深入群众、体察民情的精神,无论在任何艰苦的环境中,都要傲然屹立、不畏风霜,只要是为了人民群众的利益,就是上刀山下火海也在所不辞。

第二,实现中华民族的伟大复兴的中国梦,要依靠人民群众的力量。走群众路线,一方面要对人民群众有深情的爱,即使一部分群众对党的政策有一时的不理解也要耐心做工作,对他们进行细致的思想教育,千万不能脱离群众搞形象工程。另一方面,我们要学习陶铸深入群众、体察民情的精神,转变工作作风,深入群众中调查研究,重大事情同群众商量,做出切合实际的、高效的决策,人民群众受益了,他们会自然领悟党的好政策,赞扬党的好政策。

第三,实现中华民族伟大复兴的中国梦,主要目的在富民、养民,这就要求领导干部要帮助群众出点子、想办法,做人民群众的领路人和贴心人。我们要学习陶铸深入群众、体察民情的精神,干群建立鱼水情。

第三节　陶铸民本观的主要特征

陶铸在积极参与中国共产党领导中国革命和建设的过程中,在充分吸收古今中外民本思想并借鉴国际无产阶级民本建设经验的基础上,逐步形成了自己的民本观。陶铸民本观带有强烈的中国气息,具有鲜明的时代感,体现自己的特色。

一、从历史与现实的高度思考民本问题

(一) 从历史观的高度思考民本问题

历史观也叫社会历史观,就是人们对社会历史的总的看法和根本观点,属于世界观的一部分。历史观最基本的问题是社会存在与社会意识的关系问题。依据对该问题的不同见解,产生唯物史观或唯心史观两种根本对立的历史观。一般而言,历史观主要有如下几种:从阶级的视角去研究人类历史,形成阶级史观或革命史观;重点考察人类社会从农业社会向工业社会的发展演变过程,形成近现代化史观;把人类历史看作人类文明不断演进的历史,称为文明史观;把人类历史看作一个不可分割的整体来研究,产生全球史观;片面强调少数英雄人物不可或缺的和绝对性的历史作用,衍生出英雄史观;君主专制时期,倡导君主的合法性和确定性,产生正统史观;从不同历史时期相异的社会发展状况和社会变迁来研究人类历史,称为社会史观。民本史观即是由

社会史观衍化而来。

民本史观是指以民本为中心对历史的根本看法和观点,最初是整理和归纳孙中山民生思想时使用的一种表述。孙中山逝世后的一段时期,其思想引起了学术界的更多关注。陶铸是一位卓有建树的马克思主义宣传家。他发表了《加强对马列主义、毛泽东思想的学习》(1951年)、《调查研究与一切经过试验》(1959年)等文章,以历史唯物主义为指导,阐释了自己的民本观。

陶铸通过民本与社会、社会进化关系等的阐释,展示了其民本观的基本内涵,其主要观点包括以下几点。

首先,民本是社会的中心。他把民本分为抽象的和具体的两种,抽象的指人类的生存,即涵盖人民的生活、社会的生存、国民的生计、群众的生命等,属于生存范畴;具体的是指经济的生活,即维持生存的衣食住行需要、充实生存的教育需要,大体上属于经济范畴。陶铸从民本的角度界定社会的含义,指出一个人吃、穿、住、行、教育等都直接或间接地与社会发生不间断的联系,都对社会产生或大或小的影响。

其次,民本是社会组织及其变革的中心。陶铸认为,民本是经济基础、上层建筑等社会组织的中心,而社会的中心组织即生产资料所有制也以民本为基础,因为人类衣食住行等物质需要,依据经济界的法则,把一切人都联系起来。以上层建筑为对象的政治变革和以经济基础为对象的经济变革,二者齐头并进,社会革命才有实现的可能。他从社会变革来考察民本问题的解决,体现了中国共产党关于民本观的广泛共识。

马克思曾说:"生产关系总合起来就构成所谓社会关系,构成所谓社会"。① 陶铸关于社会变革以民生为中心的观点,把社会关系归结为生产关系,生产关系归结为生产力,从而把人类社会看作是自然历史过程。这既带有浓厚的人本色彩,又反映出人类社会演进的客观过程。

---

① 《马克思恩格斯文集》第1卷,人民出版社2009年版,第724页。

最后,民本是社会进化的中心。陶铸从经济、政治、法律、道德考察了社会的进化,承认私有是产生剥削制度的前提,从而证实了生产关系的变革对人民生活改善的影响。陶铸还把政治的进化分为神权、军权、民权和未来四个时代,通过民本推动政治的发展,论证了政治的进化以民本为中心。他也从侧面证明了人类社会的进步不是靠偶然的杂乱的堆积,而是由低级向高级阶段不断进化的过程。他还论证了以民本为中心的道德进化,认为道德要完全实现,和民生是有很大关系的。换言之,道德理性的养成在很大程度上依赖于物质条件的改善。

(二) 民本倾向是注重农业发展

陶铸在实践中注重农业和农民。他出生于农村,是从山村里成长起来的杰出领导人,从小就非常了解穷苦农民的艰难困苦。他很早认识到,要想帮助大多数农民解除困苦,必须参加革命,打土豪分田地,使农民得解放,才能从根本上解决他们的问题。

在社会主义革命时期,陶铸被派到中南局,建设祖国的南大门。他克服了重重阻力,也得罪了不少的地方干部,广东的土改运动如期完成了,为接下来进行的农业生产建设做好了前期准备,他的民本倾向的情感是如此强烈。在进行社会主义建设的过程中,他将对于人民的关心和爱护体现在他制定的发展农业生产的决策中,主要有如下几点。

1. 土改后,全力转向生产

土改结束后,中国共产党的任务是什么? 陶铸认为,应该是全力转向生产,给农民群众带来实惠。土改的目的就是要摧毁地主阶级的土地所有制,建立农民的土地所有制。有了这样一个前提,农民就有条件全力搞生产了。而华南应以发展农业为第一位任务,只有农业发展了,工业才能得到进一步发展,不能只发展工业而偏离农业,也不能只发展农业而放弃工业。事实上,全国干部五分之四在为农村工作。大家都搞工业,显然是没有那么多地盘。华南没有工业任务,就更要抓农业。如果放弃农村阵地,不搞好农业生产和对农业与手工业的社会主义改造,我国社会主义建设是无法实现的。领导干部应从思想上和精力上,全力来抓生产,特别是要抓紧从改革到生产此一转变上的一些关键问题,在工作中把握这一明确方向。

陶铸强调,要把生产搞好,领导干部还必须有力地来解决农村生产中存在的困难。首先是春耕到夏收前的口粮问题。其次,还有补肥、农具、畜力缺乏等问题。因为土改后农民家底很薄,这些问题在以后一定时期内还会存在。而主要的还是集中力量把春耕搞好,帮助农民把秧插好,"一年之计在于春",解决了这一问题农民就有了"盼头",有了"生计"。插好秧后,则要发动群众在夏收前大量搞副业,实行生产度荒。他还提出,广东农村的副业生产是大有可为的,只要深入调查一下,就可以看到每个乡都会有些办法,如土特产、手工业、采矿、木材以及各地建设中所需要的人工等。在商业机关,则要好好组织城乡交流,帮助农民把需要卖出的东西尽量卖出去,必要的话,多收购多积压一些也是应该的。生产及商业中的一些限制,应该尽量放宽一些。总之,领导干部的各项工作,都应从有利于解决农民的生产与生活困难这一点出发,而不能单单从自己的"任务"出发,这是一切从事经济工作的干部所必须了解的。

为了搞好生产,陶铸指出,还必须彻底打击地主的反攻与反革命分子的破坏活动,树立良好的农村社会秩序。他们要在"结合生产,保护生产"的口号下,严防地主的反攻与反革命分子的破坏活动。

2.巩固农民的土地所有制

中央和中南局指出,由土改到生产的转变的关键在于稳定农村的生产关系。此外,农村里"二流子"尚未经过改造,生产秩序还不好,勤劳的农民还顾虑自己生产好了会"冒尖",怕再来次革命。这些问题如不加以解决,发展生产是不可能的。

农民的土地所有制,其特点在于是农民的私有经济而非公有经济,在于是分散经营的个体经济而非集中经营的集体经济。因而农民的私有制与个体经济,便是农村新的生产关系的基本特点。在当时来说,把农民的私有权确立起来,对生产有很大好处,也有很大作用,因为当时只有在农民的私有制的这一基础上,才能充分发挥农民的生产积极性。

3. 提高干部的领导能力

在发展生产的过程中,陶铸强调,要充分发挥区乡干部领导农民生产的作用。过去他们搞土改,区乡干部只会"打地主、分果实",而现在则要领导农民生产了。但区乡干部多数是才提拔起来的,能力弱,工作中有一些困难。特别是乡干部,必须以生产领导生产。此外,乡里的委员会太多,乡干部兼职也太多,都不利于生产。乡里只允许有乡政府、党支部、团支部、农会、民兵、妇女会、治安、宣传读报等八种机构(某些地区原有水利会的组织仍应予以保持),以便乡村干部专注把生产领导好。对乡村的工作任务应尽量减少,任何分配区干部以过多的工作任务的现象都必须坚决反对与制止。

4. 商业与财经工作也很重要

要配合发展农业和对农业、手工业以及私人工商业进行社会主义的改造,必须搞好商业。搞好了商业,才能加强农村和城市的联系,促使农民易于接受他们的改造。而在稳定市场与多为国家积累资金上,也必须搞好商业与财经工作。

中国是以农立国、以农为本的国家。中国的传统农业是独立发展,自成体系。我国农业人口众多,农民在不同程度上拥有一定的生产资料,有一定的生产自主权,能支配一些劳动产品,具有一定的生产积极性。只有农业发展了,解决了温饱问题,人民才能安居乐业,只有农业发展了,才能为工业的发展提供资源。

陶铸强调要重视农业生产,号召干部要帮助农民把生产搞好,目的是为了使农民解决温饱问题,使他们不再挨饿,把心思和精力放到农业生产上来。他重视农民关注农业生产,绝不是像封建社会那样施行御民之术,而是帮民解困,提高人民生活水平,这反映了他具有以农为本的特征,这也是陶铸体察民情、关心民生的目的所在。

二、联系发展生产力与养民恤民思考民本问题

(一)紧紧联系发展生产力的理念

马克思主义经典作家在《1844 年经济学哲学手稿》《德意志意识形态》等著作中阐述了科学的生产力观点,主要有:社会化的机器大生产是人的本质力量的公开的展示、生产力是人类社会全部历史的基础、人们所达到的生产力的总和决定着社会状况等。总之,一定的生产力水平决定着与之相关联的生产关系的状况,并最终决定了在生产关系之上的政治上层建筑以及其他的意识形式。由此,一定的生产力发展水平也决定了民本状况,归根到底决定了反映这种民本状况的民本思想。陶铸坚定马克思主义理论,其民本观与发展生产力的思想紧密相联。

陶铸在阐述社会主义特征中所蕴含的民本理念时,紧紧联系生产力的发展。他指出,社会主义就是打破经济的束缚,恢复群众的自由。这里的"自由",是物质上的自由,而物质生活的改善,必须以社会生产力为发展前提。实际上他强调,为了实现社会主义和共产主义的伟大理想,注重人的发展和社会的发展,必须大力发展生产力。这就把科学社会主义的任务和目的紧密相连,而且充分肯定了科学社会主义的价值取向,并且触及到了科学社会主义的本质即生产力内涵。

陶铸在阐明民本在革命的目的及归宿的基础上,指出革命胜利后要大力发展生产力。根据唯物史观的基本原理,革命的真正意义在于使生产力得到大解放大发展。基于此,陶铸阐述了马克思主义经典作家关于革命胜利后首要任务是发展生产力的观点,"摧毁地主阶级的土地所有制,建立农民的土地所有制。有了这样一个前提,我们就有条件全力搞好生产了"。① 事实上,只

---

① 本书编辑委员会编:《陶铸文集》,人民出版社 1987 年版,第 66 页。

有通过革命胜利后大力发展生产,改善人民生活,才能证明革命的进步性和正义性。

由于近代具有半殖民地半封建的产业革命衍生了严重的民本问题,陶铸指出,解决大多数人民生活问题,在于发展产业,而发展国家资本主义是发展产业问题的必要的政策措施。显见,陶铸民本观既滥觞于现实社会落后的生产力状况,又为落后的生产力寻找出路。如前所述,陶铸把合理解决土地问题作为发展农业经济的前提,从而推动农业发展和农民生活改善的途径,不仅具有独到的理论价值,而且切合中国社会的实际。

陶铸既从生产力发展的角度来探讨民生问题,又把生产力的发展看成是改善民生的最根本条件,其民生思想的形成与发展也牢牢植根于现实社会土壤中,由此,陶铸民本观的各方面内容都与生产力的发展思想紧紧联系。

(二) 养民恤民的特征

陶铸民本观重视生产力的发展,主要表现在具有养民恤民的特征,很多都可以通过他的诗词反映出来。通过他的诗词,我们可以看到一个坚持原则、热爱党、热爱人民,心忧天下、清正廉洁的好干部形象,给人们留下深刻的印象。

在新民主主义革命、社会主义革命和社会主义建设的过程中,陶铸既是一个杰出的领导者,又是一个热爱大自然、热爱生活、热爱人民的诗人。现实生活的丰富多彩为陶铸的诗词创作提供了直接来源。陶铸一生创作了不少诗词,他善于将心中所思、所想、所虑和所盼用诗词表现出来,有的诗词还成为千古绝唱。他的诗词对研究陶铸的理念特别是民本观具有第一手资料的价值。他生活阅历丰富,充满着神奇而又跌宕起伏的命运,所有这些给他的诗词更增添了几分魅力。

1. 修建水库解决人民用水用电

《访海陵岛》(1958 年):"帝子南来竟不回,海陵荒冢对斜晖。涛声漫诉兴亡恨,风啸空增洋海威。且喜望天勤水利,更惊穷峒养鱼肥。千斤粮产期明日,一道长堤接翠微。"陶铸于 1958 年到海陵岛检查农业春耕工作,想起历史,南宋赵昺被张世杰、陆秀夫拥立为帝,由雷州湾退守崖门,崖山一役,宋室覆亡,太傅张世杰船沉遇难。相传张尸漂流至该岛附近,居民为之安葬,并建陵墓,名曰海陵。表达了海陵人民对南宋君臣的悼念之情,一种怀古抚今的思想油然而生。岛上的望天垌在过去是数日无雨则旱,修筑水库后,农田可自流灌溉。海陵人民计划修一道长堤接连两县陆地,一片喜人气象。表现了作者对海陵岛人民艰苦奋斗、奋发有为、克难攻坚的精神表示敬意,同时也表现了陶铸深厚的恤民、养民、富民、重民的民本观。《鹤地水库》(1960 年)①:"雨掠微波万点珠,江山今古叹娇殊。平湖百里飞舟出,长练千条极目舒。不意神工能夺巧,且欣大地顿还苏。刘郎漫说垂杨好,珠海秋风艳木薯。"鹤地水库在廉州城北九州江畔鹤地岭,它的正常水位高出珠江基面 45 米,水库建成后,还修了 132 公里的运河,因而内河航道沿岸居民生产用水和用电都得到基本解决。水库面积大,平静、宽阔的湖泊能飞快行船。没想到人力能够通神,修成的水库胜过天然湖泊,并且令人高兴的是因有了水的灌溉,大地随之生机蓬勃,珠海一带的木薯花在秋风吹拂下开得异常艳丽。这首诗描绘了鹤地水库修成后的美丽今胜昔时,大地生机勃勃,农业生产欣欣向荣的壮丽画卷。

2. 在荒山植树造林,绿化美化

《赞电白绿化》(1960 年)②:"电白竟成绿化城,植树何处不成荫。沧海也教精卫塞,只在无心与有心。"陶铸第二次来电白县见到沿岸边建起木麻黄地带,形成巍峨的绿色城墙。林网内沙地已围成片片方格,种了花生番薯,一片生机,风景壮观,不禁挥毫作诗。这首诗表达了陶铸深厚的民本情怀,植树造林对防风防沙、农业生产有直接的促进作用,对农民的生产生活也是十分有益的,只要人民群众发扬精卫填海的精神,荒山也能变绿色。1960 年 5 月 5 日在《羊城晚报》发表这首诗时,陶铸原注说:今春路过电白县,见两旁过去寸草

---

① 本书编辑委员会编:《陶铸文集》,人民出版社 1987 年版,第 347 页。
② 本书编辑委员会编:《陶铸文集》,人民出版社 1987 年版,第 348 页。

不生之荒坡,于今已绿树成荫,使他对全省绿化信心增强百倍。这首诗赞扬电白成了"电绿"的巨大成绩,鼓励干部群众发扬精卫填海的精神,做有心向大自然宣战的英雄人物,实现战天斗地造福人民的崇高理想。

3.将滨海平原发展粮食生产,喜获丰收

《潮汕早稻》(1960年):"迎眸尽是舒眉感,万顷平畴绿似油。如此江山不入画,丹青何事费踌躇!"潮阳、汕头属滨海平原,以耕作精细闻名,是重要的稻米产区。陶铸从实际出发,因地制宜,充分发挥农民群众的生产积极性,粮食生产茂盛,呈现出一片丰收的景象。新中国成立前,广东粮食长期不能自给。新中国成立后,在一段时间里,广东仍以工业为重点。1956年起,陶铸从实际出发,提出把全省的工作重点放到农村,发展粮食生产,并注重抓住典型,推动全面。1960年7月,他视察汕头地区澄海县冠山(今广东省汕头市澄海区澄华街道冠山社区)农业社时,见田园成方,渠道成网,作物生长茂盛,一派生机,好不欢喜,便指导汕头地委推广冠山的经验。这首诗展现了发展农业生产的喜人画卷,字里行间洋溢着欢欣的感情。

陶铸在现实生活中创作的诗词反映了时代特色,具有一定的时代价值。结合对其工作报告、讲话和处事风格可对他有一个多视角、全方位的了解。他的诗词反映了他对工作、生活的态度,也反映了他坚强不屈的革命意志,研究陶铸的诗词不能脱离他具体的工作环境,应当与其民本观结合起来,他的诗词反映了其民本观具有养民恤民的特征。

三、与科学社会主义思想相融通

科学社会主义是马克思主义的基本组成部分。对于社会主义,人们通常有以下三种理解:科学社会主义理论;为实现社会主义理想而开展的社会主义运动;社会主义制度。① 简言之,社会主义是理论、运动和制度的有机综合体。

---

① 丁俊萍:《中国共产党解放和发展生产力思想研究》,武汉大学出版社1999年版,第388页。

陶铸作为马克思主义理论的坚定捍卫者和宣传者,毕生探索的主题之一便是科学社会主义。

陶铸结合民本观探索社会主义的根本目的和价值追求。他认为,社会主义的根本目的就是使广大人民群众在物质上摆脱贫穷、在政治上实现自由平等、在生活上走上富裕、在人格上获得尊严。完全可以说,中国共产党宣传社会主义和从事社会主义的一切活动,都是要实现民本的最高价值追求。陶铸作为中国共产党卓越的领导人之一,把民本作为社会主义最鲜明的旗帜,使他关于社会主义的三个维度即理想、制度和运动,都具有丰富的民本底蕴。

革命是近代先进的中国人救国救民的共识,革命的目的是解决广大劳动人民的政治、经济和文化生活问题。由此,陶铸把革命的目的和民本的目标统一于社会主义运动的实践之中,既明确了革命者的精神动力和社会主义的价值取向,也使广大劳动人民的精神生活有了新的指望。显见,陶铸社会革命体现出来的民本内涵,同样深深扎根于他的社会主义思想中。

陶铸指出,土地问题不解决,农民的生活问题便不能得到解决。还明确提出了实现土地国有化的具体方案:土地国有,没收军阀的土地,农民根据需要没收或收买地主的土地,不没收自耕农的土地,国家保障农民永久的土地使用权。这种通过没收的方式,在实现土地国有化的基础上保障农民的土地使用权,是社会主义运动的通常做法。不难看出,陶铸主张走社会主义道路,解决农民的土地问题,从而改善农民生活。

综上,陶铸既揭示了社会主义在理想、制度、运动这三个维度中的民本底蕴,又把民本看成是社会主义的活力源泉和归宿,他关于社会主义的实践也承载着其民本观的形成与发展,由此,陶铸民本观的各方面内容都与其社会主义思想相融通。

四、崇尚节俭的特征

陶铸的民本观在社会主义改造和社会主义建设之初这个特殊的时代,表现为崇尚节俭的作风。他的节俭不仅体现在对自己的严格要求上,而且也表现在对其家属和身边的工作人员、对普通老百姓的要求上。他希望通过自己的清正廉洁和他人的节俭来营造一个朴实、节约、上进的社会,以便让老百姓有饭吃、有衣穿,切实感受到社会主义制度的优越性,这对于当时的条件而言是切实可行的。

"我们都是人民的儿子,应该全心全意为人民谋利益,不能有丝毫的特殊。"陶铸多次对县里的同志这样说,他自己也是带头坚决这样做的。他回祁阳,身上穿着粗布衣,吃大锅饭、蔬菜、豆腐乳,绝不准许为他搞丰盛的食物。不管到哪里,他看到摆设筵席就恼火,随便吃碗饭就走,以后县里的同志再也不敢给他特殊照顾了。他作为党的高级领导干部,严于律己,下乡调查研究,工作上雷厉风行,生活上勤俭节约。共产党的干部是为人民服务的,一切为人民谋利益,而没有自己的私利,要做到这一点,就要与人民打成一片,与人民同甘苦,共患难。每次回家乡,他总是拒绝特殊招待,仍然保持农民群众的本色,桌子上不准搞荤菜,只吃素菜。这是共产党员的光辉典范,是陶铸密切联系群众,走群众路线,严于律己,宽以待人的高尚情操。陶铸严于律己的生活作风继承并发展了其家风家教中廉洁自守的高尚品德。

陶铸为共产主义事业不懈奋斗一生,他清正刚直,勤政爱民,为国为民呕心沥血。他一次次亮出直言,保护老一辈革命家,却遭到诬陷失去自由,却不改其初衷,表现出一个坚定政治家的共产主义信念和立场。更为重要的是,他总是下乡调研,体恤民情,廉洁奉公,两袖清风。陶铸的节俭不仅表现在他的诗词、讲话和报告中,而且可以从陶铸故居中判定出来。从湖南省祁阳县(今祁阳市)石洞源陶家湾的陶铸故居来看,它与平常百姓家无异,并不奢华。可以说,陶铸的节俭是一种自律,是对自己的严格要求。他的勤政节俭,不只是表现在率先垂范上,更重要的是他以这种品性去影响其家属和身边的工作人员,影响广大人民群众,所谓上行下效,榜样的力量是无穷的。陶铸于1953年9月25日在广州市委三大系统党员干部大会上作了《传达中央关于增产节约的指示和各部门报来的数字》的讲话①。讲话分两部分：

首先，传达中央的精神。

一是五年计划须完成并超过。中央的措施、目的是保证完成并超过五年计划。情况是：进行大规模建设，计划完成比例不大。财政赤字，过去是没有的。在计划经济第一年，出现"财政赤字"不可避免，"须用一切办法结束赤字。"在计划完成上，上半年要完成48.4%，下半年要完成51.6%，不好好搞好生产，可能完不成任务，基本建设的计划比较大。

二是农业方面困难很大。全国情况：水、旱、虫灾很多，华北：旱、水灾，除此以外还有风灾。原计划生产：1200万吨粮食，现在看：已不能完成，甚至比去年还要减产。如果他们不抓紧（冬天还可种些粮食），有大减产，但当年无论如何粮食不能减产，没有粮食，不能进行工业建设。（匈牙利：工业搞多了，农业上粮食减产了，工业亦不如意。）明年：第二年度，工人更多，需要更多粮食，如不节约，会产生饥饿现象。

其次，采取一切措施搞好增产节约持久运动。

遇到困难时要克服困难，便有办法。在共产党领导下没有不可克服的困难。办法在哪里呢？我们要实现社会主义，离开节约不可能。

什么是社会主义？按斯大林说法是：社会主义＝增加生产+厉行节约+紧缩开支。搞好工业，需要有大量资金、干部（知识），而重工业的产品，又不是目前群众的需要，群众急需的是日用品。

大量的投资、城市，工矿人口增加，工业的增加赶不上消费的增加。办法是：适当增加轻工业产品，轻工业的生产是按比例落实的。

中国地大物博，人口众多。深刻体会没有？毛主席说："中国强的就是人口多。"只要把大家都发动起来，把劳动力发挥起来，力量是很大。

---

① 华南分局宣传部：《陶铸同志在广州市委三大系统党员干部大会上传达"中央关于增产节约问题的指示"》，广东省档案馆，1953年9月25日。

陶铸于 1954 年 1 月 16 日在《在增产节约汇报会议上的总结报告》①上指出:过去一年增产节约的款数大多是"弯了腰把钱捡上来"。但真正把群众发动起来,发挥群众的积极性和创造性,做得很差。如果不把这点弄清,光看数字是没有意义的。由于过去党委忙于改革,这方面未好好地抓。今年须做好发动群众,找差距,挖潜力,摸清情况,改善经营管理,从这方面获得真正的利润。

有人说:"增产节约是长期的,把计划订高一些就好,何必再搞增产节约呢?"这种说法不对,自己计划利润必须充分估计到生产的可能,就是这样也还可以搞增产节约。因为:(1)所谓生产力,主要是人,而人的觉悟是逐步提高的。人们要提高生产,一方面靠改进机器,一方面靠群众积极性的不断提高,但干部在制定生产任务时不能把这些都估计进去且两者的意义是不一样的。(2)他们认识客观往往是不完全的,对生产力的估计亦是如此,为了让群众完成任务,往往估计过低(自然,订得过高的亦有,但不多)。

在华南,虽然他们亦"弯了腰捡了钱",但没有捡起来的仍然很多,今天,他们除了发动工人以外,应该重视反对官僚主义,通过反对官僚主义者,没收其非法所得,还能获得一些资金。

增产节约对于今后转向工业生产有很大的意义,他们是有决心搞工业的。今年的投资共有 4000 亿元。

目前在工业上,到底有多少资金亦不清楚,在今年增产节约中必须认真摸清家底。数目不少,必须使已有资金都发挥它的作用,一块钱发挥一块半钱的作用,充分发挥社会主义优越性。

第三,把计划订好。反对官僚主义主要靠发动群众,但如果把计划搞准确,官僚主义就会减少。"有多少钱做多少生产",计划必须准确,订得太少了

---

① 华南分局宣传部:《陶铸同志在增产节约汇报会议上的总结报告》,广东省档案馆,1954年 1 月 16 日。

容易完成,造成自满,不开动脑筋;订得太多了完不成任务,亦不行。

今天订了计划就像订了"合同",给多少钱要出多少利润,经常检查(由财委负责),有困难和问题及时解决。

反对官僚主义要从领导开始,但也请各生产部门好好地搞好这项工作。官僚主义是有思想根源的,第一个是"过得去";第二个是"有困难";第三个是埋怨别人的部门没有配合好。他们缺乏高度的责任心、先进性、创造性和坚定性,停滞不前。

同样 100 亿元,拿在共产党的手里和拿在国民党的手里应有不同。共产党能管财政,一块钱能够发挥一块半钱的作用。现在必须强调:"100 亿元要做 150 亿元的生意",好了,要做得更好,为社会主义积累资金。现在有很多单位,100 亿元没有做到 100 亿元的生意,公路的问题很多(如植树问题,九江的汽车管理问题,等等),但总强调困难,实际上,没有做好工作。

现在干部往往总不"向前看",而是"向后看",认为"差不多",很少想尽量把工作搞得更好,尽量使钱花得更少,做到"全国第一",好了,做得更好,他们要建设美丽的社会主义,就必须使它尽快地美丽起来。现在广东的工作没有一种走在全国前头,很值得他们注意。要建设社会主义,没有高度的责任心、先进性、创造性和坚定性是不行的。

最后,陶铸同志崇尚节俭的作风不仅体现在对自已及身边工作人员的严格要求上,而且更重要的是体现在增产节约上,充分发挥劳动人民的主观能动性和创造性,也就是要将一块钱发挥一块半钱的作用,要做到这一点,必须要大力提高生产的效率和质量,又要让大家拧成一股绳,开动脑筋,从而使节俭的风气在增产节约中发挥更大、更好的作用。

五、哲学思辨的特征

陶铸的哲学观是在马克思主义、毛泽东思想指引下,在中国革命和建设的过程中积极探索群众工作方法,走群众路线,形成的具体的群众工作方法。其哲学观在群众工作方法的形成、发展和综合运用中逐步完善,它与马克思主义、毛泽东思想是一脉相承并继承发展的。

陶铸强调,学习理论是为了更好地指导工作,而不是把理论当作"天书"。在回答一些人读了些理论书但并不能为他解决实际工作中的问题时,他认为要坚持理论联系实际。事物是不断运动变化的,但它总有相对的稳定性,而有些人就是不承认相对的稳定性。这样,要犯"左"的错误;同样,不承认变化会犯右的错误,说明了运动的绝对性和相对性的统一。

陶铸的哲学观具有坚实的群众基础,他强调要依靠广大人民。只有真正的有群众观点的人和真正走群众路线的人,才能最好地接近实际,认识客观,也才能够做好工作。

当今,中国特色社会主义事业的发展进入新时代,面对复杂多变的国际国内形势和伟大而艰巨的历史使命,中国共产党人必须保持睿智而敏锐的眼光,审时度势,韬光养晦,充分运用陶铸的马克思主义哲学观和方法论,在形式多样的社会实践中探索、总结和提升,在总结和提升后再回到社会实践中检验,从而增强陶铸的马克思主义哲学观的实践性和实效性。

深刻领会陶铸民本观的哲学思辨的特点,还可以从如下几方面来理解。

(一) 树立辩证观点,正确处理干部的意见与群众的意见的关系

如何客观、公正、全面地看问题,了解问题的全部而不是部分,了解问题的本质而不是外在形式,陶铸的马克思主义的哲学观认为,干部和群众的意见都要听。若只听干部的意见,可能存在报喜不报忧的状况,肯定成绩的就多一些,而对问题则可能避重就轻,轻描淡写,使领导看不到问题的严重性,就不能了解问题的根源所在,就不能及时地解决问题,而让问题蔓延下去。久而久之,群众的消极抵制情绪就大了,影响党群、干群关系,人民群众的满意度就会下降。民心是最大的政治,民心不齐就会影响党的执政水平。然而,如果只听群众的意见,不听干部的意见,也是不全面的,因为有的群众囿于个人的偏见,从

自身利益出发,发表自己的看法,往往会把问题的负面影响扩大化,而掩饰了问题的积极影响,也是不利于对问题的正确把握。由此可见,看问题要既看到共性又看到个性。马克思主义的辩证唯物主义认为,个性寓于共性之中,共性又包含着个性。看问题要坚持两点论而不能偏颇于一点论。要坚持两点论和重点论相结合的观点。

(二)掌握科学方法,正确处理调查与经验推广的关系

如何推广一种先进的经验,进一步获得对真理的正确认识?陶铸的马克思主义的哲学观认为,调查研究是有效的工作方法。因为通过调查研究可以获得一部分经验,这是从实践中得来的而不是从主观愿望中获得的。但是,在此时此地获得的经验可否推广到其他地方,从辩证唯物主义的认识论中可看出,这的确存在一种不确定因素,所以,可用首先试验的方法获得一些真知。由于真理的认识不是一次就能完成的,因此,还需要在实践中反复进行。这样,从实践中获得的认识才能不断接近真理本身,只有这样对事物的认识才逐渐接近事物的本质,这就提醒人们,在推广经验时,一定要调查研究。反之,如果只是开展调查研究,获得一点经验就推广开来,由于时间、地点、环境都发生了变化,同样的经验可能就不能出成果,成为阻碍事物成长的障碍。因此,要将从实践中获得的经验进行试验,如果试验成功了就推广应用。这从某种角度上是获得真知的正确途径。

(三)坚持认识论立场,认识与实践相契合

如何坚定不移地将革命事业进行到底?这不仅需要惊人的毅力,因为这期间需要在革命事业处于低潮或遇到困难、挫折时仍一往直前,这需要极大的勇气和信心,不仅如此,还需要超人的智慧,因为革命事业是开拓性的,没有现成的经验可借鉴,这就需要不断创新的思维,创新创造需要智慧和知识。陶铸的马克思主义的哲学观认为,革命事业必须持续不断地开展下去,不能松懈,

因为只有这样才能取得革命最后的胜利。如中途遇到困难就停滞不前,则前功尽弃,一切付之东流。只有这一点还不够,还需要分阶段进行下去,事情要一件接着一件干,按照客观规律的本来面目进行,不能犯急性病,如果将明天要做的事情今天一起做了,这是冒进思想的表现,也类似于"大跃进"时期的穷过渡。从哲学上讲,违背了事物发展的客观规律,事情是办不好的。反之,如果将今天能做的事情延迟到明天去做,这样明日复明日,明日何其多?事情永远做不好,任务永远完不成,这也是违背了事物的发展规律。如此,则革命事业不能如期向前推进,不能取得预期的胜利。

第四章　陶铸民本观的理论品质

陶铸民本观是马克思主义以人为本思想中国化的理论成果,它以马克思主义以人为本思想为基础,在继承和发展以毛泽东同志为主要代表的中国共产党人的民本思想的基础上产生的。陶铸民本观坚持实事求是,立足中国实际,把马克思主义以人为本思想中国化推向前进,其内涵丰富,思想深刻,形成了独具特色的理论品质,主要体现在如下几个方面。

第一节　具有深厚的人民性与恒持力

一、具有深厚的人民性

陶铸对祖国、人民和中国文明具有深厚感情。深厚的人民性是贯穿于陶铸民本观的一条主线,也是陶铸民本观的一个显著特色。陶铸民本观的主要内容:坚持为民服务,把广大人民群众的利益放在首位,相信和依靠人民群众,尊重人民群众的首创精神,为广大人民群众谋利益。由此可看出,人民性深刻蕴含在陶铸民本观中。陶铸在工作决策和实践中,坚持将广大人民群众的根本利益作为一切工作的出发点和落脚点,坚持人民本位,全心全意为人民谋利益。

陶铸民本观的人民性主要体现为,把广大人民群众的利益放在首位,一切工作的出发点是为了广大人民群众,团结和依靠人民群众,充分发挥人民群众的主观能动性,真正使人民群众获得政治、经济和文化上的利益。陶铸继承和发扬中国共产党群众路线、群众观点的优良传统,相信群众、依靠群众、服务群众、尊重群众。他指出:"我们的事业既然是人民的事业,就必须发挥人民群众的积极性,吸引人民群众关心并且来监督我们的工作"。① 陶铸把加强党同人民群众的血肉联系、不脱离群众作为党的建设的核心。他指出:"凡是上级指示与群众利益(指绝大多数的革命群众)有违背时,应当服从群众的利益,但在组织手续上,应当向党报告。因为党的一切指示、决定,都应是从群众利益出发的,应是为着实现群众的利益"。② 因此,陶铸要求党的领导干部要深入群众,大兴调查研究之风,察民之所虑,解民之所需,知民之所想。陶铸民本观的人民性还体现在加强对马列主义、毛泽东思想的学习,丰富为民理论,开展调查研究,体察民情,为广大人民群众谋得切实利益。

陶铸民本观具有深刻的人民性,其人民性是由中国共产党的宗旨决定的,党的一切是为了人民的利益,除了人民的利益,没有自己的特殊利益。陶铸根据新情况、新环境、新要求,根据广大人民群众的需要,大力抓好土改,全力转向生产,发扬社会主义民主,不断满足广大人民群众的政治、经济和文化的需要,从而进一步丰富陶铸民本观的内涵,并将其发展到新的阶段。

二、具有对人民温暖的恒持力

陶铸具有热情似火的情怀,工作中不仅有干劲,而且有韧劲,这些都有助于民本观的贯彻落实,一是热情似火的工作情怀是陶铸民本观的内在要求。陶铸民本观是以人民利益为重,坚持一切为人民谋幸福的思想,这就要求首先要热爱人民,对人民有深厚的感情,做出有利于人民的决策,这样,才能受到人

---

① 本书编辑委员会编:《陶铸文集》,人民出版社1987年版,第162页。
② 本书编辑委员会编:《陶铸文集》,人民出版社1987年版,第301页。

民的拥护。这个过程就需要对人民有深厚的情怀。二是热情似火的工作情怀是陶铸民本观的直接反映。陶铸民本观是为人民群众服务的，必须通过人民群众才能反映出来，这一切需要对人民群众有深厚的感情，只有通过人民群众从情感上认同，才能产生理想效果，这需要同人民群众建立真挚的感情。

（一）工作中热情似火

1952年，陶铸调来广东，第一次下乡就到新会县棠下区（今江门市蓬江区）的一个乡考察土改工作。他事先进行了深入细致的调查研究，摸清了基本情况，然后夜以继日地工作。他找干部谈话，认为贫农是动员起来了，但在工作中富裕中农和中农的利益受到损害，应全盘考虑各阶级的利益关系，否则广东的土改工作是搞不好的。说得有根有据，入情入理，使大家心服口服。原以为陶铸这盆火会烧向谁，其实他要烧的只是前进中的思想障碍。经过几天的调查，人们对他的工作方法和领导水平都非常佩服。一旦工作思路明晰以后，他就有火一般的工作热情，他机智、果断，说干就干，下乡调查，一下去就到基层，和农民座谈、访问。掌握了第一手资料，他对问题的处理就大胆、果断，从不有什么"研究研究"，拖沓冗长。他对干部要求也非常严格，要求干部办事利索，不得懈怠。谁要是工作中出了纰漏，或有错失，肯定会遭到他一顿严厉而又恳切的批评，甚至是当众不留情面的指责。

人们说，陶铸像是一盆火，他的作风火辣辣的，把你也卷进了他那火热的旋风，不由你不精神抖擞，情绪振奋，即使工作没跟上，挨了批评，也心情舒畅。因为在受到他那劈头盖脸、毫不留情的批评之后，他会坐下来同你研究解决的方法，诚心地支持你，切实帮助你完成任务。

既然是火，烧灼得就很痛。有个县委书记叫杜瑞芝，30出头，血气方刚，干工作有股牛劲，思想通了就特别欢快，思想不通时就有障碍，他时常顶撞陶铸，这不是火上浇油吗？这时陶铸就毫不姑息地斥责他，直到驳倒他理屈词穷。这种上下级之间的争吵、冲突经常发生。这不是个人恩怨，而是思想的交流、碰撞，只有把思想问题解决了，两个人关系才能好。陶铸了解杜书记的性格和毛病，需要重锤敲打才醒悟，而杜书记也受得了重锤，所以，陶铸对他要求也更严格。另一方面，他从不担心同陶铸在工作上的争吵会给自己带来不利，因为他知道陶铸有大气量，从不因下级同自己争辩而记恨在心，而是听了你的争辩后，只要有理，省里就表态支持。因此，每次同陶铸争吵以后，反而情谊更深。

陶铸被江青之流诬陷为"中国最大的保皇派"，跌进了灾难的深渊。但他为了保护同志，宁愿牺牲自己，仍一往无前。受到他保护的人中，也有地位不高、又经常同他顶嘴争吵的党员干部，他真是"心底无私天地宽"。他正是这样一位既无畏又无私的好领导。陶铸对人的关怀有加，热情像一盆火，在他的工作热情鼓励下，群众的工作热情也被带动起来了。在"左"的气势逼人的情况下，陶铸没有灰心丧气，而是鼓舞人们为革命事业献身，从失误的痛苦中总结经验，不断前行。

（二）关心群众疾苦

陶铸常常深入基层，了解人民群众所需、所盼。他下基层，总是轻装简从，认真听取基层干部和群众的意见。他关心群众疾苦，平易近人，凡是接触过他的同志都留下了深刻的印象。1946 年 7 月底，兆南会议结束后，唐宏光（时任镇东县委书记）刚返回县里，发现霍乱和鼠疫在全县蔓延，仅仅十几天时间，全县五万人口，就死了近千人，他心急如焚，动员全县人民连续奋战十多天进行防疫救人，仍然效果不大。8 月 10 日，他连夜赶到白城子（今吉林省所辖的地级市），当面向陶铸汇报工作，陶铸当机立断地说：共产党的大事莫过于关心群众的疾苦，县委把防疫救人作为中心任务来抓是非常正确的。等到把流行病控制下去，人心稳定了，再发动群众。因为辽吉行署、军区都缺少卫生人员，陶铸给他写封信，要他马上乘火车去齐齐哈尔市找李富春同志，请西满军区派人来搞防疫工作。他拿着陶铸亲笔写的介绍信，当即去找李富春。第二天一早,李富春和黄克诚同志即在驻地接见他,并叫他汇报镇东县的疫情。第三天西满(辽热)军区卫生部门的医疗队一行 50 人就到镇东县参加防疫工作。镇东县很快战胜了天灾,渡过了难关。群众交口称赞:"共产党给了我们第二次生命。"

1947 年 5 月,辽北省委、省政府发出了抓紧春耕生产的指示。可全县还有许多贫雇农缺少牲畜不能进行春耕生产。当时在县内有一个姓郭的大户人家,雇佣着三个窝棚的佃农,养着 200 多头马、牛等大牲畜,因为他是一位革命军人(干部)的家属,一直没有触动他的利益。后来干部按政策分配了这些牲畜后,就解决了一部分雇农缺少大牲畜耕地的困难。可是郭姓人家向西满分局告状说县里不讲党的政策,同时还写信给阎宝航主席,阎主席决定几天后到县里视察春耕,很可能提出这个问题。陶铸把唐书记叫去了解了情况后,指示他要做好统战工作,并亲自写了一封信,叫他如实地向阎主席汇报春耕生产情况。有一些贫雇农代表向阎主席讲了暂时将郭家的大牲畜分配搞春耕了,请省主席支持他们的行动,做他们的坚强后盾。阎主席听了汇报以后,当即表示支持,在场的代表们报以热烈的掌声。

阎宝航回到省政府后不久,唐书记再次去省里向陶铸汇报。陶铸又一再指示他,回去后要抓紧春耕生产,不误农时,争取多打粮食,支援前线多做贡献。陶铸的这些话,讲的都很具体,使得县委领导干部从中进一步认识到共产党是为人民服务的,时刻不能忘记群众的利益。

(三) 艰苦朴素,心系群众

从 1956 年到 1962 年,广东农村经历了重大激烈的变化。在这段时间里,陶铸曾经多次深入汕头地区农村调查研究,了解群众的生产生活,总结群众的实践经验,对农村工作进行具体的指导。每次下农村,他总是步行入村,访贫问苦,开调查会、座谈会,与基层干部和群众促膝谈心,同基层干部一起生活,不搞特殊化。1958 年 7 月,陶铸和陈郁同志一起第二次到棋盘寮时,当陶铸看到开发的坡地扩大了,也增产了。听了汇报后十分高兴,连连说,今天午餐就吃你们生产的番薯、玉米,别的什么都不吃。餐后没有休息,他提议到贫下中农家里去访问。同年 7 月间,陶铸下到澄海县冠山高级农业生产合作社,在一间旧式房子住了一个星期。他要参加他们大队的支委会,同村支委一起研究如何搞好农村的生产和工作。在这段时间,他参加了 3 次党支部支委会会议,同支委们一起研究生产建设,加强党员的政治思想工作和安排群众生活等问题。他号召干部社员要学习科学技术,研究科学种田,不断提高农业产量。他多次到田间地头和工地察看,有一次还脱掉鞋子,卷起裤筒,参加平整土地后的插秧劳动,同干部社员有说有笑。他当年这种精神和作风,曾经深刻地启发和教育了汕头地区各级党政领导和广大基层干部。

陶铸十分关心农村基层干部的进步和成长,亲切地教育他们要加强学习,严格要求自己,保持和发扬党的优良传统和作风。他下乡调查时,对党支部书记和支委们说,干部要带头参加劳动,保持劳动人民的本色,不然会脱离群众;现在国家还有许多困难,要坚持勤俭建国,勤俭办社的方针,干部要带头勤俭节约,廉洁奉公,不可铺张浪费。他到棋盘农业社,又对党支部书记王木秀和支委们说:共产党的干部党性要强,作风要好,要多干实事,少说空话;干部是人民的勤务员,要全心全意为人民服务,不谋私利;要虚心倾听群众的意见,遇事多同群众商量,走群众路线,按大多数人的意见办事;要认真学习马列主义、毛泽东思想,还要学习科学技术,不断提高自己的工作水平和办事能力。陶铸这些语重心长的话,至今犹清晰地回荡在干部们的耳边,激励着他们在革命的道路上奋勇前进。

(四) 他的心和中国农民贴在一起

陶铸关爱中国农民,农民对他印象十分深刻,他有浓眉大眼,壮实的身躯,说话声音洪亮,工作起来废寝忘食,充分体现了为人民利益不惜献身的高尚品德。

在抗日战争最艰苦的岁月,党中央办了一份《共产党人》杂志,陶铸写了一篇《部队办报的经验》的文章,他写这篇文章,中心思想是:我们的红军、新四军就是穿了军装的农民。陶铸当时是十八集团军总政治部的宣传部部长。他对农民有深厚的感情,非常关心农民生活,一年有 365 天,约有三到四个月的时间下乡调查研究,了解农民的生产、生活状况。他将调查研究得来的第一手资料集中起来,加以梳理、整理,又来指导农村工作,常常能提出自己的新"点子",其见解往往具有真知灼见。

1957 年初,陶铸带着一些干部去新会县农村调查。一进村就找农民谈话,了解实际情况,有时还谈到半夜,在认真听取农民意见后,他发表自己的看法,认为新会县要发展经济还需要多种经营,若只发展粮食生产是不够的,还可发展甘蔗、竹子、葵树种植等。陶铸带领县委的干部白天黑夜在地里转,看到庄稼长势那么好,群众情绪这么高,心情很愉快。在陆丰,他跑到大山里,同农民坐在草地上聊天。得知农民丰收了,还有更高的追求,想吃"饭后果"(吃完饭后吃水果),还要建新房,他感到非常高兴。他还兴致勃勃地给农民画草图,同农民商量,建议他们参照湖南、江西的农舍,院子里搞点自留地,他甚至连房子的颜色也想好了,要具有中国南方农村住房的特色,还十分关心农民的生活,对农民说穿着要大方,平时要穿鞋,不要光着脚。陶铸对农民生活是无微不至地关怀,可见,他对中国农民有深厚的感情。

在调研过程中,如果见到干部搞形式主义、官僚主义,存在奢靡之风的现象时,陶铸就严厉批评。他去揭阳县检查工作时,当地干部大搞形式主义,组织小学生拿着小三角形旗子,在烈日下等候,并喊着"欢迎省委书记陶铸来我县视察"的口号,他感到很不高兴,责令撤去。当晚,县委又大摆筵席,每桌十来道菜,他更感到非常不高兴。晚上就不愿听他们汇报了。第二天,陶铸心情不好,觉得这个县里的干部作风不好,于是,当即决定去看一个新修的水库,随便看了两眼就离开揭阳县。

（五）关心知识分子

在革命斗争中必须尊重与信任知识分子,多少年来人们都在重复这句话,但是在实践中由于种种原因又往往把尊重与信任变成了抽象的原则。而陶铸在长期的工作中,始终信仰并实践"没有文化的军队是愚蠢的军队"这个真理,他是尊重与信任知识分子的典范。他倡导组织南下工作团,下设三个分团,全部都是由来自北京、天津的大学和中学学生组成。陶铸亲自下到工作团下属的各个小组中去,参加各种动员、工作会议及青年学生的讨论,了解他们的想法,鼓励他们在实际斗争中锻炼提高自己各方面的能力。大批热血青年从此走上革命道路,他们在以后几十年的漫长斗争历程中为党、为人民做出贡献。

陶铸十分重视知识分子的作用。他在工作中赋予知识分子以实际的权力,充分发挥他们的智慧与才干。陶铸负责的人民解放军第四野战军政治部,下属各部负责人,绝大多数均由知识分子担任。有人对此曾有微言:"政治部的人才华有余,资历不足。"而陶铸不无幽默地回答说:"我就是41岁重新参加工作的。"政治部还集中了大批优秀的作家、诗人、新闻工作者、画家、音乐家,成立了部队艺术学校。陶铸对知识分子干部的信任是实际的,是真正重用。在评定军职时,他力排异议,坚持为知识分子干部评定适当的军职,让他们有职有权。陶铸对部队文化素质的提高也很重视。他认为当时的部队尚为"穿着军装的农民",必须对他们进行文化教育和政治教育。他依靠知识分子大大提高了战士和干部们的文化水平。部队的文化、宣传工作因此很有生气,非常活跃。

不仅如此,陶铸还从各个方面关心知识分子干部,尤其在生活上是无微不至。他经常到各部部长、副部长家中访问,倾听意见,嘘寒问暖,关心他们的衣食住行,千方百计创造条件,使他们能更好地发挥才能,集中精力干好工作。

陶铸对于华侨和侨眷的生活也十分关怀,侨汇物资,保障供给,他也要求人们关心和照顾好党外人士和高级知识分子的生活,保证他们的副食品供应。他常说,干部要多做雪中送炭的工作,如果知识分子吃的东西减少了,就更要多从思想上关心,比如过春节赠送花也好嘛!有一次,他听说一位高级民主人士的遗孀住房有困难,就叫干部马上去解决,他说,这些事办不好,也是不得人心的。陶铸听说著名数学家姜立夫教授需要科研经费4万元以充实数学期刊,陶铸马上批准,拨款资助,以满足数学家的科研需求。陶铸就是这样无微不至地关怀知识分子,这些事一时传为美谈,在海内外的知识界中留下深刻的印象。

(六)生活中柔情爱民

据陶斯亮回忆,陶铸是世界上最好的爸爸,是个再善良不过的老头儿。他外表看起来很严肃,但是在他的内心深处,绝对有一汪清泉,那里平静如镜,那里清澈见底。人们常说水火不相容,但他却是兼水火于一身。

陶铸对孩子的爱是发自内心的、深沉的,不是他外表看起来的那么威严和可怕,他的内心有一种善良之心,怜悯之情。1957年,陶铸家里请了一位阿姨郑嫂。她是位寡妇,由于家里贫困,带着女儿出来打工,以供小孩上学。虽然小孩只有11岁,却在另一家当阿嫂,干的是全活。陶铸得知后,非常同情,立即叫郑嫂将女儿接回家来,温和地对她们说,国家现在正在搞建设,需要很多人才,少一个文盲就是对国家的一份贡献。秀彩(郑嫂的女儿)年纪还小,应该让她上学,再说,个子还小,身体还没有发育好,哪里能干那样重的劳动。从那天起,郑嫂把女儿的工作辞掉,她们住在陶铸家里,陶铸供秀彩上学,供她吃穿和一切费用。后来秀彩一心一意地读书,长大后就考上了卫校。毕业后,分配在一家医院,当了护士长,和一位飞行员结了婚。此后,郑嫂就住在女儿女婿家里,生活很美满。如果不是陶铸同情她们,送孩子读书,不知道孩子今天的命运又是什么。陶铸就是这样一个威严而慈善的父亲。1960年,正是三年困难时期,陶铸回家乡调查,看望故乡的人民。家乡祁阳县潘家埠石洞源村有一个被人遗忘的小孤儿,他当时只有十二三岁,为公社放牛维持生计。那年头,家里揭不开锅,谁还管得了这个饿得皮包骨的孩子。偶然有一天,得知陶铸要回家乡来调查,他就踉踉跄跄地来到村里,当陶铸一行人走过来时,这孩子一眼认出了他,就抱住他的双腿,说:"救救我呀!我要饿死了!"那凄惨的哭喊,令在场的所有人都感动了。陶铸的眼睛也湿润了,他看到家乡人饿成这样子也感到非常内疚。他立即吩咐警卫秘书张福兴同志,将孩子送回广州的家中。陶铸就是这么慈祥的人,爱民如爱子,心忧天下,拯救困难群众。陶铸给他取名为陶斯民,经过对他一番清洗换装,并让他得到充分休息后,陶斯民也变得活泼有神。等陶铸从湖南回来后,他已经成长为一个帅气的小伙子。陶铸让他去上学,可他不愿意读书。后来还染上了社会上的一些恶习,不学无术。陶铸对青年人的缺点和过失,一般来说是宽容的,唯独不能容忍不学无术。见到陶斯民那副无所事事的样子,简直火透了!一天,陶铸把陶斯民叫了去,关起门狠狠训斥了两个小时。他气冲冲地说道:"我把你接来,不是为了我死后多一个捧牌位的,不是的!我是为了给国家培养一名人才,至少不是废物!不要忘了你叫斯民,这个'民'是什么意思?你来自人民,不要忘本。"经过陶铸的批评教育,斯民恢复了农民孩子的朴实和勤劳。长大后,参了军,退伍后任城管大队长。

陶铸是老一辈无产阶级革命家,是个坚贞的共产党员,但对孩子们来说,他却是个非常有趣的、好心眼的老头儿!一般来说,一个喜爱孩子的人,心底是善良而尚留童真的,伟人们也不例外。

第二节 具有鲜明的现实性和 为民务实的定力

一、具有鲜明的现实性

陶铸民本观深深植根于社会主义革命和建设的实践中,它来源于现实,对现实又有指导作用。陶铸民本观不是简单的理论思辨,不仅仅停留在理论上,重要的是它付诸实施,变成改造现实世界的实践活动。实践性是陶铸民本观的又一特点。陶铸民本观立足社会主义现实,从广大人民群众的社会实践出发,解决社会主义革命和建设中遇到的实际问题,解决人民群众的现实问题,全心全意为民服务。

1953年陶铸指出,土改结束后,党领导广大人民群众全力转向生产,继续改善人民生活。要改善人民生活,一切靠发展。没有发展,一切将无从谈起。陶铸坚持以人民群众的根本利益为重,将发展生产放在首位,在实践中创造性地解决了发展中的一些问题。首先,要坚持"生产压倒一切"的观念。要求全党各部门的工作,无一例外地都要配合这一中心任务。农民分得了土地后,如不把它引导到生产上去,就会使他们失掉了前进的勇气和方向。农民不从事生产,温饱问题就会凸显。其次,稳定农村新的生产关系,确保与巩固农民的土地所有制。只有巩固农民的土地所有制,才能巩固土改胜利,安定人心,激发农民生产情绪,从而进一步发展生产,把农民暂时的直接利益和国家建设的长远利益结合起来。再次,着力解决农民生产中存在的困难。要做好政府的借贷和救济工作,集中力量搞好春耕生产。最后,要充分发挥干部领导农民生产的作用。干部要带头搞好自己的生产,起带头模范作用。要精简机构,让干部全力把生产领导好。

陶铸民本观具有很强的现实性。它是在社会主义革命和建设的实践中产生、形成和发展的,它不仅是对社会主义革命和建设经验的总结,也不断地指导社会主义革命和建设实践的发展,并在实践中接受检验和不断地丰富发展。

二、具有将为民务实贯彻到底的定力

陶铸具有坚强如钢的个人意志,这种意志对于陶铸民本观具有如下几方面影响:一是具有将为民务实贯彻到底的定力。陶铸民本观在践行的过程中有时一帆风顺,但有时会遇到来自外部环境的阻力,如在"文化大革命"时期,受到"四人帮"的阻挠,陶铸仍以坚强意志,坚定、执着、积极向前的韧性,推动民本思想继续前行。推行民本观还需要常抓不懈,常抓不懈说起来容易,但做起来复杂,这就需要坚持,陶铸具有坚强的意志,有助于他将民本观贯彻到底。二是坚强如钢的个人意志,有时候对民本观的践行也有负面影响。民本观要坚持以人民利益为重,关心人民生活,但这也导致有时在"大气候"影响下,脱离了群众实际,而搞"反瞒产"运动,由于陶铸具有坚强的意志,在短时间内难以纠正自己的失误而执着前行,给实际工作带来一定影响。

(一) 陶铸民本观具有价值信念的坚定性

一种理论要想在社会上长期运用,大范围内发生作用,首先要具有完备性和科学性,其次根本价值信念必定是坚定的和不可移易的。陶铸民本观始终围绕党要以人民利益为重的服务理念,坚持以人民为主体地位的执信与笃行。陶铸总是坚持执政为民的信念和决心。他强调不关心人民群众生活的党员不是好党员。只有坚持价值信念,才能持守坚定的民本观。这种坚定的价值信念,是陶铸民本观的价值标准。它继承并弘扬了中国共产党为人民服务的宗旨意识,在陶铸民本观中体现出一种沉甸甸的责任,这既是对民族的责任,也是对人民的责任和党的责任。

1. 在是非曲直面前,陶铸坚持人民立场,守护道义

陶铸具有坚定的民本观,在工作和生活中也践行到底。他是党内敢于"放炮",敢于讲真话的人。他认定正确的道理,可以和别人争得面红耳赤,从不和稀泥。在中南区喜剧会演中,他敢于顶住压力,坚持自己正确的意见。如对李谷一演出的湖南花鼓戏《补锅》,当时就有不少争论,陶铸敢说敢当,拍板定案。对于有人提出的《补锅》是新的"才子佳人戏",是毒草的问题,陶铸说:《补锅》是一出很好的戏,这出戏提倡这种革命的爱,阶级的爱,他赞成。有人讲,李谷一表演的那个小姑娘,表演动作不够庄重,有点色情的味道。陶铸说这个批评不恰当。相反,他认为,她把角色演得天真活泼,有青春的活力,非常可爱。陶铸讲到这里,全场三千多编剧演出人员,顿时发出一阵欢笑,接着全场爆发出长时间的热烈掌声。

2.在"文化大革命"中,陶铸坚持真理,冒死守护正义

1966 年 5 月底,陶铸奉调北京担任中宣部部长,还担任中央书记处常务书记兼文办主任。他临危受命时,全国已面临黑云压城城欲摧的险恶形势。历史把陶铸推到一个复杂的、特殊战场的前沿阵地了。

陶铸为人正直,为人处世有自己的立场,在极为复杂的环境中也从不选边站队,一切按党性原则办事。中央文革领导小组一伙人开始时利用陶铸性格直率的特点,想拉拢陶铸捏造事实,陷害正直、忠诚的革命者,但陶铸都断然拒绝了他们的要求。因此,陶铸很快成为中央文革领导小组一伙的眼中钉、肉中刺。从此,陶铸就投入到特殊的战斗中了。

这些足以表明,在异常复杂的形式面前,陶铸仍以国家的发展为重,竭力协助中央领导维护稳定局面。陶铸的举措从行动上抵制了江青煽动"文化大革命"行为,她"以生产压革命"与陶铸发生直接冲突,但陶铸不顾个人安危,坚持原则,决不退让。这就是陶铸的个性品格。

毛泽东在曾志面前评论过陶铸,他说:"陶铸这个人,做起事来就是大刀阔斧,也好放炮,浑身是刺。"

有一次会后,毛泽东叫陶铸留下,毛泽东说:"你的缺点就是爱放炮,平时说话要注意方法,不要想到哪说到哪。在中央工作要有全局观念,平时要以团结稳定为主,要谦虚谨慎"。陶铸就是这样一个共产党员,坚持真理,保持原则,守住底线,敢与一切邪恶势力作斗争。于是,他与中央文革领导小组一伙的矛盾越来越尖锐。几乎在每一次中央文革会议上,都发生直接冲突。

1967 年初在北京的大街小巷,到处贴满了"打倒陶铸""揪出陶铸"的大标语。从此,陶铸未经党中央和国务院的批准遭到了诬陷、迫害。

(二)　陶铸具有执着为民的韧性

陶铸民本观的坚定性是与他的韧性分不开的。领导者的韧性也直接与其理论品质有关,有时也直接影响领导者看待和处理问题的方法和态度。陶铸具有钢铁般的意志,具有抓铁有痕的毅力,具有咬定青山不放松的韧性,具有不达目的不罢休的决心。这些品格有助于他贯彻为民务实的理念,有助于他从思想上、组织上和行动上贯彻为民服务的宗旨。他办事的决心和毅力也表现在他的言行举止上。在其家乡湖南省祁阳县(今祁阳市)石洞源陶家湾下院子的老人们,谈起陶铸的童年,就啧啧地说:"猛子(陶铸小名)这伢子,从小就有个犟脾气,他认准的事,十条黄牛也拉不回头。"曾经有一次,他天黑爬树掏鸟窝,家里人吃罢晚饭也没见他回来。等了很久他才回来,其母很生气,顺手拿起桌上的鸡毛掸子重重地抽了他一下,要他跪下。陶铸脾气虽犟,自知错了,也不申辩,扑通一声,两条腿就跪在堂屋的泥土地上。一段时间后,其母到堂屋一看,陶铸仍然双膝跪地,睡着了。其母心疼,把他抱到床上,半夜一觉醒来,陶铸不见了,到堂屋一看,只见他又在原地跪着,其母说:"这伢子的脾气真犟!"陶铸的这种性格特质表明,当他在工作中遇到问题时敢于亮出自己的观点,按照自己认定正确的事情办事,决不随声附和。表现在为民服务上,其民本观具有价值信念的恒持性。

陶铸的民本观是通过实际行动表现出来的,他是其民本观的制定者、规划者和推动者,所以,评述陶铸民本观的理论品质,在很大程度上就是评述陶铸其人的品质。他就是一个在权势面前从不低头,在邪恶面前从不让路的人。即使遭受了粉身碎骨的打击,他也永不低头,决不为五斗米折腰。他具有钢铁般的意志,生性耿直。他的性格决定了他的品格。历史总是公允的,陶铸后来得到平反昭雪,成为一名坚强的无产阶级革命战士。

第三节 具有很强的实践性与推行政策的强力

一、具有很强的实践性

陶铸民本观的实践性是指以人民群众的根本利益为理论,为人的实践活动提供价值导向、思维方式、行动指南。伽达默尔指出:"一切实践的最终含义就是,超越实践本身"。[①] 伽达默尔在这里实际上提出了实践的理论导向和实践的理论化问题。人是理想、精神文化的存在物,要通过理想化的实践活动,达到超越实践活动本身,达到实践性的理想化的完成。陶铸民本观的实践性主要体现在人与自然、人与社会、人与人关系的变革方面,以达到以人民利益为重的实践活动基础上的现实世界的改造。

陶铸民本观的实践性体现在人与自然关系的变革上。人类认识和改造自然是人类的基本活动。陶铸民本观在人与自然关系上的变革,是指以人民利益为重作为价值导向,来指导人们认识、改造自然的实践活动,实现人与自然相互促进、和谐共生、共同成长。在人与自然的关系上,人不是自然界的主人,人类应当是自然界的有机组成部分,人类应当尊重自然界的基本规律,顺应自然的发展,实现人与自然的物质交换,保护自然的延续与可持续增长。以人民利益为重强调在人与自然的关系时,要坚持"合规律性"与"合目的性"的辩证统一,达到和谐共生。

陶铸民本观的实践性体现在人与社会的关系上。人的本质不是单个人所固有的抽象物,在其现实性上,它是一切社会关系的总和,是社会化的产物。以人为本要求在处理人与社会的关系时要把人作为目的,当作价值目标,要体

---

① [德]伽达默尔:《赞美理论——伽达默尔选集》,夏镇平译,生活·读书·新知三联书店1988年版,第46页。

现尊重人、关心人、发展人的价值目标,要彰显人在社会关系中的最高价值,使人民群众在良性的社会发展中不断提升自我。

陶铸民本观的实践性体现在人与人关系的变革上。马克思主义认为,人是目的与手段的辩证统一体,人既是历史的"剧中人",也是历史的"剧作者"。① 人与人的关系构成人类生存与发展的基本关系,是人生产与生活的关系空间。在社会主义制度下,人与人的关系超越了封建社会制度下人压迫人的统治关系,超越了资本主义制度下人剥削人的关系,作为平等主体的关系,是新型的人际关系。它在坚持马克思主义关于人既是目的又是手段的辩证统一体中,为人的生存与发展创造良好的"主体间性"关系,对构建和谐共生、共同发展的人与人的良性关系具有重要作用。

二、具有将党的政策火速推行的强力

陶铸民本观对于党的政策的践行具有积极的推动作用,一是能加速推进民本观的践行。陶铸民本观在实践中能否持续有效地推进,除了要有毅力外,最重要的是靠雷厉风行的工作作风。雷厉风行就会使行动快,见效快,就能使民本观产生意想不到的效果。二是急中生智,有助于陶铸民本观的践行。陶铸具有雷厉风行的个人作风,这是由他的性格决定的,说做就做,足智多谋。广西剿匪,复杂多变,要在半年内完成剿匪任务,更需要多谋善断的决策,雷厉风行的个人作风,否则难以完成这项艰巨任务。

陶铸民本观具有思想路线的正确性。思想路线也是认识路线,它是一个政党在新民主主义革命、社会主义革命、建设中,坚持一切从实际出发、实事求是,在实践中检验和发展真理。陶铸积极响应党的号召,坚持正确的思想路线,按时完成了党交给的艰巨任务,这些都彰显了陶铸民本观的正确性。

---

① 《马克思恩格斯文集》第 1 卷,人民出版社 2009 年版,第 608 页。

（一）提前完成党中央交给的剿匪任务

1949 年 11 月 6 日广西战役爆发,在我军强大攻势下,不到 10 天,国民党军 17.3 万余人被歼灭,1 万余人逃往国外,广西全境解放。当时的国际形势急剧变化,急切要求地处南疆前沿的广西,尽快消灭国民党残匪,建立起巩固的国防阵地。陶铸一回到武汉,即参加中南局会议,这时,接到毛泽东的电令,赶赴广西剿匪,在半年内完成任务。命令如山,陶铸立即准备出发,于 1950 年 11 月下旬赶往广西。

广西在桂系军阀 20 多年的统治下,形成了一套严密的反动统治机构,有很大数量的反动武装。广西刚解放时,流散在民间的枪支不下五六十万支,成股的残匪不下 15 万人。封建反革命势力非常顽固,他们袭击公路的军车,袭击水上交通,就是在南宁的大街上,还经常便衣出没,从袖口里对准我军政人员,当众进行暗杀恐怖活动。有的群众向我军检举揭发,说我军把土匪逮捕后,又"宽大"教育释放。土匪被放走之后,第二天就对检举他的群众进行血腥报复,杀死检举人,还当众用刺刀剖开胸膛,掏出心肝,炒吃下酒,凶残惨不忍睹。

陶铸从武昌乘火车南下,到达桂北和柳州时,又和当地的负责同志充分交换意见,为广西剿匪的决策作好准备。怎样按照党中央的要求,在半年之内,彻底地把压在南疆边陲上的这块石头砸掉?他沿途多次调查研究,在他心里逐渐形成了一个完整的清剿方案。1951 年 2 月,中央任命陶铸为广西自治区代理书记,他在会上作了《争取在半年内消灭广西全省的土匪》的动员报告。陶铸首先抓政策,坚定地纠正广西之前在剿匪中实施的"宽大无边"的政策。他强调,镇压必须严厉,才能显现力量,使之行有所畏,坐有所择。如果不把土匪消灭,要想在广西进行社会主义建设是不可能的,一定要以全力来进行剿匪。要高度集中兵力,组织更大的具有战略性的重点进剿。坚决贯彻"镇压宽大与以匪制匪"的方针。陶铸在省委高干会上具体部署剿匪的方针、政策和步骤时着重提出,过去他们宽大无边,现在也不许乱杀错杀。因此,必须明确杀人的目的在于争取更多的土匪投降,从政治上有力地瓦解土匪。而宽大就应该是真正的宽大,凡投降自首的,就必须以投降自首待遇按照政策办理。

陶铸深深感到,要完成广西剿匪任务,就必须发动群众,于是,亲自找群众谈心,给他们鼓足勇气,鼓励群众揭发匪首。还亲自审讯案犯,这样,人民群众的觉悟提高了,土匪受到了孤立,打一场人民反匪反霸的战争已经取得了彻底胜利,捣毁了大瑶山和十万大山两大匪巢。

在广西重点剿匪胜利告一段落后,陶铸又及时提出:剿匪已进入新阶段应如何着手的战略决策。如何消灭广西那三万多散匪呢?他认为要将反匪和反霸结合起来,广西的土匪大多与地主阶级结合并受到地主阶级支持。只有反霸才能将反匪工作进行到底,只有反匪反霸,农民才有出头之日。

陶铸坚决执行毛泽东指示,把剿匪与土改结合起来,在斗争策略上果断地确定:这个结合应当主要运用清匪反霸的斗争,重点是打垮地主的威风,鼓起农民的勇气,敢于建立农民的组织,大规模地进行减租退押的斗争,向地主阶级进行土改的大决斗。

1951 年 11 月,召开了广西第一次党代表大会,陶铸结束了在广西一年的工作,向中央汇报后返回中南局。

（二）加快推进广东土改进程

陶铸接到中央电令,调往广州工作。1951 年 12 月 25 日中央任命他为中共中央华南分局第四书记兼中国人民解放军华南军区第二政委（第一政委谭政）。

从 1950 年 3 月到 8 月,广东省肃清了反革命残余势力,并开展了减租退押和反霸运动,为广东全省新建立的人民政权的进一步巩固、顺利开展土地改革和经济建设,打下了坚实的基础。在当时国际国内尖锐复杂的斗争形势下,广东省人民政府面临的一个重要任务,就是如何放手发动群众、加快农村土地改革进程;在城市进行民主改革运动,从政治上、经济上完成民主改革的任务,在中国的南大门建立起革命的新秩序,为抵抗帝国主义的外来侵略和迎接即将到来的大规模经济建设创造条件。

毛泽东根据朝鲜战争爆发后的国际国内形势,1950 年 11 月中旬,给华南分局发来电报,要求广东的土地改革加快进度,扩大土改面。陶铸于同年 11 月底,奉命调往广州华南分局负责广东的土改工作。

1952 年 4 月,由陶铸主持召开干部扩大会议。他采取一系列组织措施,把土地改革作为"压倒一切"的中心工作,在全省成立几个区党委,以地区为中心,集中土改队小组长以上的干部,进行整队,放手发动群众,在广东全面开展土地改革运动。一批地方干部在这次"整队"中,受到批判、处分。1952 年 6 月,毛泽东在广东问题的小型会议上,点名批判"地方主义",随后在"反右"扩大化中,也导致广东"反地方主义"扩大化了。陶铸为贯彻毛泽东的指示,全力投入领导土改运动,集中全省百分之五十的干部,投身土地改革运动,实行扎根串连,重新组织阶级队伍,到 1952 年底,全省土改已基本跟上全国的步伐。1953 年 4 月 18 日,广东省人民政府发出布告,宣告全省土地改革胜利完成。

陶铸以他一贯的干劲和调查研究的工作作风,深入农民,调查农村土改后面临的新情况新问题。陶铸对党中央和毛泽东的指示都坚决执行,以一个共产党员的高度党性原则去履行自己的职责。一旦发现自己工作中的偏差,他勇于主动承担责任,认真纠正,从不掩饰。土改全面开展后,较突出的问题是没收了华侨地主的房屋,侵犯了一些工商业者、小土地出租者的利益,打击了一些开明士绅,挫伤了一些应该争取、团结的知识分子,造成了一些遗留问题。特别是在 1952 年春耕整队中,由于对广东地下党和土改干部中的问题估计过于严重,方法简单,处分面偏大,挫伤了部分干部。这些缺点,当时在陶铸主持的土改复查中,部分已得到纠正。限于当时的历史条件,这些遗留问题,也没有可能当时就得到完全解决。

（三）强力推进辽吉根据地建设

陶铸于 1945 年 9 月从延安到沈阳,直至 1948 年辽沈战役胜利结束,挥戈进关,在东北三年解放战争中,先后担任了辽宁、辽西、辽吉省委书记和东北野战军第七纵队政委,转战白山黑水之间,以革命的大智大勇和多谋善断的雄才大略,在强敌压境的艰险处境下,在农村建立巩固的根据地,深入农村,发动群众,反匪清霸,开展土地改革,创建辽吉根据地,全力承担野战军大量紧急支援任务,深入前线指挥,配合主力作战,以坚定的信心,从艰险的处境中,开辟革命形势大发展的新局面。

1946 年 6 月,辽西在郑家屯召开的省委扩大会上,陶铸作了《关于建立辽西民主根据地与发动群众的报告》。他根据当时全国和东北的政治形势,详尽地分析了撤出沈阳后,党在辽西地区的斗争任务和方针政策。报告的中心内容是:关于建立农村根据地问题、如何深入广泛地发动群众的问题、减租减息的准备工作问题和反奸清算、剿匪安民的斗争问题。

当年在辽吉地区,人人都知道陶政委力疾从公,已经累得肺病复发,仍不休息,几乎每天都坚持夜以继日地工作,同志们都为他的健康担心,他却若无其事。尽管国民党军向郑家屯进行疯狂的进攻,但陶铸仍处之泰然,伏案为辽西省委机关报《胜利报》赶写文章。在陶铸身上,不论在任何艰难困苦的斗争环境中,都焕发着革命的乐观主义精神。有一天,他和几个同志吃过晚饭到村边散步,他不知不觉背起了古诗,原来他心里装的是东北战局,他在借古人诗句,抒发革命情怀。任凭敌人疯狂进犯,他们都顽强反击,他们的足迹不仅到了辽西,还要到全东北、全中国。在党中央的决策部署下,东北联军总部果断指挥军队针对敌人的战略部署,利用松花江封冻的有利时机,冒着零下 40 摄氏度的严寒,南渡松花江,展开了著名的"三下江南"攻势,以"南北夹攻"的方针,粉碎敌人"南攻北守"的图谋。在随后的战斗中,粉碎了蒋介石妄图以三个月消灭我东北军的计划,迫使敌人由全面进攻转为防御,使东北战场的形势发生了根本性的变化。我军则由防御转为战略进攻。为保证这一战役胜利,陶铸废寝忘食,日夜筹划辽吉地区军民,支援前线,并指挥各军分区部队,从侧翼向敌人分头进攻,使其首尾难顾。陶铸以一个非凡才华的战略家的思想,评论杜聿明"南攻北守"的作战方针时说,杜聿明笨拙得只是从气候上判断,以为松花江一解冻,我军便将停止发动大规模攻势了。这就暴露其部署上的致命弱点:兵力分散,纵深空虚。

蒋介石在我军的强大反攻面前,如热锅上的蚂蚁,三易东北主帅,由陈诚接替杜聿明,随后又由卫立煌接替陈诚,企图挽回败局。但人心所向,大势已去,经过辽沈战役,我军直插入沈阳"东北剿总"大楼,端了敌人的老窝。

陶铸结合自己调查研究所掌握的情况提出:从当时起就要准备接收大城市。在领导上急需领会管理工业的计划性,要统而不死,活而不乱。此时陶铸对党的工作重心的转移的认识,已经提高到一个新的阶段。

(四) 秘密参加北平和谈,获得和平解放

辽沈战役结束后,平津战役即将开始,为了使北平这座历史文化名城免于战争的毁灭,驻守北平的国民党华北"剿匪"总司令傅作义深明大义,接受我党要求,和平谈判,使北平完好无损地回到党和人民的手中。傅作义的密友邓宝珊应邀来北平面谈要事。在邓宝珊的启发帮助下,傅作义最后下定决心接受和平解放,顺应潮流。在这之前,傅作义将军已派他的私人代表周北峰,两次去通县(今北京市通州区)我军平津前线总指挥部,与罗荣桓、聂荣臻等商谈,签订了会谈纪要。

1949 年 1 月 13 日上午,邓宝珊作为傅作义将军的全权代表,于当天下午到达通县城外马各庄,平津前线司令部就设在这里。陶铸作为我军前线最高指挥部的代表,和前线司令部参谋处长苏静出面接待邓宝珊一行,并把他们接送到马各庄一个临时招待所里,开始了和平解放北平的正式谈判。1 月 16 日,毛泽东为中央军委起草给罗荣桓、聂荣臻的电报中再次强调:"力求避免

破坏故宫、大学及其著名而有重大价值的文化古迹。务必使各纵队首长明了，并确守这一点。对于占据这些文化机关的敌人，再用谈判和瓦解的方法，使其缴械，即使占据北平延长许多时间，也要耐心地这样做。"随后，决定在北平成立联合办事处，处理和平解放北平有关事宜。联合办事处主任为叶剑英，我方参加的有陶铸、徐冰等；代表傅作义参加的有周北峰等。傅作义当即表示接受人民解放军的条件，愿意令其所部出城听候改编。1月23日，按照事先的安排，我平津前线司令部派陶铸为全权代表，携记者、秘书等随行工作人员在邓宝珊的陪同下，前往指定地点谈判。陶铸穿着我军自制的皮领军大衣，谈判人员直驶"华北剿总"联谊处内，这是傅作义秘密接待陶铸的地方。谈判有时在楼上，有时在大厅，经过三天的谈判，最终达成协议，"华北剿总"所属的25万人按规定接受整编，北平以和平的方式回到人民手中。1949年1月31日，中国人民解放军举行了隆重的入城仪式，威武雄壮的人民子弟兵，由永定门进入北平城。

第四节　具有清正惠民的高尚品格

作为一个优秀的共产党员，陶铸一身正气，两袖清风，他的勤政廉政思想得到人民群众的称赞，他的正直的品格得到人民群众的折服，这正是陶铸民本观在人民群众中的影响。清正惠民的品格是陶铸民本观的精神内核。陶铸民本观不但要求为民勤政，而且要求廉政为民，共产党员勤政廉政才能赢得人民群众的拥护，正直惠民的品格是共产党员的精神力量，对陶铸民本观产生极大的推动作用。

一、敢于承认错误、清廉朴素

1960年秋天，在广东省委《上游》杂志社工作的牧惠常常需要随领导下乡调查研究，在此过程中寻找写作素材。他去花县（今广州市花都区）城郊的一个生产队,连续几天和社员"三同",了解农民的所需所盼。有天临近黄昏时,陶铸来了。牧惠就向他汇报了当时农村生产、生活的一些不太好的情况。陶铸听后,对自己提倡不收粮票放开肚皮吃饭之类又自责了一番,对干部脱离群众相当恼火。

陶铸对自己要求严格,这是大家都知道的,所以县里不敢用筵席招待他。有一次,县里的早餐吃肉包子和白粥,陶铸见了很不高兴,说:"现在人民生活这么苦,还给我们吃这么好。"说罢,拂袖而去。县委领导感到很尴尬,觉得陶铸不吃,谁也不敢动。他们就向陶铸的秘书老丁求助,老丁叫他们做一些杂粮来。厨房送来了红薯、芋头,这个矛盾才算解决。陶铸这种廉洁自律、清政为民的高尚品格是一贯坚持的。陶铸罢"宴"这一招是值得人们学习的,值得提倡的。

1966年"文化大革命"时期,陶铸常到北京沙滩大院食堂同大伙用餐,陶铸同人民在一起,没有一点官架子。领导干部最重要的是要做到知行合一,自己清清白白做人,对社会才有正能量的传递作用。

二、一身正气为民

1951年11月,陶铸回老家石洞源。消息传来,村里锣鼓喧天,鞭炮齐鸣,群众一齐涌向村口,表示热烈欢迎。陶铸不高兴了,认为搞这一套没有必要,影响不好。于是叫他们先回去,待会他去看望大家。经过好一番解释,大家才散去。后来,陶铸挨门逐户地拜访父老兄弟,叙谈当年往事,还特意到小学校去询问了教学情况。

陶铸坚持私人办事不能动用一分钱公款,私是私,公是公,公私不能混淆,公与私有严格的界限,决不能损公肥私,决不能因自己是干部,就破坏这个规矩。只有这样的干部,才是人民群众的好干部。

陶铸1951年来到广东以后,一直住在军区大院19号一所陈旧的老房子里。1963年,军区管理局趁他因病在从化温泉休息的时候,花了15000元进行了维修,事后他知道了,觉得不应该,不准向公家报销,决定自己出这笔钱,还给军区党委写信作了检讨,并在党代表大会上宣读。党的十一届三中全会以后,军区党委认为,这是公房,修理以后,不久陶铸就搬到北京去了,并没有住多长时间,决定将他出的那15000元维修费退还给曾志大姐。曾志当面谢绝,并斩钉截铁地说:"这是陶铸同志生前作出的正确决定,不应改变。这笔钱我决不能收。"一对革命老夫妻志同道合的高风亮节,令人钦佩,感人肺腑。

陶铸在执行党的方针政策上,表现了一个共产党人严于律己的革命精神,对广大干部影响很大,教育很深,不但没有影响他的威信,反而受到大家更加衷心的敬重与拥护。

陶铸清清白白做人,明明白白做事,一身正气,谁也不敢给他送礼。1963年春节,外贸部作了一批点心,送了一箱给陶铸,他严词拒绝,说:要品尝点心,可以买,但不能无偿地赠送,于是,令外贸部将点心收回去,并让秘书立即打电话,询问中南局的书记们、常委们是否也收到了这种东西,如收到了的,一律退回。

这就是陶铸,一身正气,高风亮节,用自己的清廉换来了人民群众对他的敬仰。

第五节　具有对人民负责的担当精神

陶铸民本观对于干群关系产生积极的调节作用,一是勇于担当的个人气魄能完善陶铸民本观。任何一种思想或理论都是要在实践中多次检验并总结经验、吸取教训的基础上逐步完善起来的。陶铸民本观经过实践检验,取得了成功的经验,但也有一些失误,关键的问题是发现了缺点和错误后要勇于承担责任,勇于改正错误。陶铸这种勇于说自己错,勇于担责的态度,更能使工作中的损失降低,同时完善陶铸民本观的理论,使之逐步走向成熟,赢得了人民群众的拥护。二是勇于担责是陶铸民本观的调节机能。陶铸民本观是一个动态的发展过程,有了失误,通过调节就能将陶铸民本观朝着正确的方向发展,这样就能完善陶铸民本观的理论,"人非圣贤,孰能无过",改正了就是完满的。

一、有错就改,积极作为

陶铸生性耿直,坦诚,从不隐瞒自己的观点。更可贵的是,他对往事具有深刻的反省精神,敢于承认自己的过失(虽然大多数过失责任并不全在他)。《拿破仑传》中有这样一段话:"历史上的伟大人物不能收回成命是最大的悲剧。"陶铸在工作中不但乐于听取意见,而且能在某些时候收回自己原来的看法。有时候,当他与别人意见不一致,事后,经过考虑感到别人的意见正确,他就会立即打电话来,说:"你的意见对,就照你的意见办吧。"

20 世纪 50 年代,杜星垣调到北京工作。每当陶铸来北京开会,或是他去广州出差,他都要去看望陶铸。其间,曾谈到"大跃进"以来的各项运动。陶铸常常以自我批评的态度表示:运动的扩大化及种种搞错的事情,不能上推下卸,要自己总结教训,有机会就应检讨。给杜星垣留下极深印象的一句话是,运动初始就应有明确的界说,不要等运动结束时再落实政策。那时伤了人就已经太晚了。

1958 年"大跃进",带来了三年困难的恶果。1959 年春夏,广东省委在汕头召开了扩大会议,对 1958 年的错误进行了认真的检查和总结。陶铸不强调客观,不推卸责任,作了严肃诚恳的检查。1962 年北京七千人大会期间,发扬民主,开展批评,广东省出席会议的代表提了不少意见,陶铸在全体大会上做了全面而又彻底的深刻检查,并给反右倾运动中搞错的同志平反道歉。陶铸在执行党的方针政策上这两次重大的自我批评,对广大干部影响很大,受到大家的敬重与拥护。

二、"我就是陶铸,我向你们检讨"

1958 年冬,在浮夸风的影响下,各地纷纷报高产,后来发现没有那么多粮食产量,东莞县(今东莞市)县委书记林若等就向省委写报告,纠正原来多报的产量数字。不久,陶铸便来到东莞,要检查东莞的粮食产量是否没有那么多。结果发现有的地方隐瞒了一点产量(但比报高产时报的少了很多),因此,就在全省开展"反瞒产"。后来,陶铸一点也不回避这次失误,他在各种场合都说自己错了,在那种情况下,不该"反瞒产"。有一次,陶铸到珠海前山公社和农民谈话,有个农民说:现在生活好了,能吃饱了。1959 年吃不饱,饿肚子,是陶铸号召吃三顿干饭,粮食吃光了,害得农民要吃粥。陶铸问他,你认识陶铸吗? 农民回答说,不认识。陶铸坦诚地说:我就是陶铸,我向你们检讨,我犯了错误,使你们饿肚子,吃稀饭,我以后再也不那样做了。

人们看到陶铸对工作要求这么高,对下级批评这么严厉,总以为他必定只能听好话,不能听逆耳之言。其实却不然,除了"反瞒产"这件事以外,还有一个例子:1958 年"大跃进"运动中,陶铸曾根据一个县的经验,提倡各地建设一路两河的"社会主义公路"。一次在下乡的路上,他身边的工作人员在车上同陶铸就此事是否可行辩论起来。结果,陶铸接受了反对他的意见,取消了要求各地修建这样的公路的做法。

陶铸从不诿过于人,一旦发现工作上的失误,总是勇于承担责任,严格地解剖自己,坦诚地检讨错误。

三、把"反瞒产"的错误独自承担

1959 年春节前的一天,陶铸把新会县委书记杜瑞芝叫到他家研究"反瞒产"的问题,对他说,现在"反瞒产",一些地方报了数字就不再计较,没有实际行动,这可不行啊。他也不需要他们报的亩产一千多斤,其实,亩产 600 斤就不要反了。杜书记说,三角洲平原历来是亩产 500 斤到 600 斤。杜书记就按这个数上报了。事实证明,这个数还是高了,农民吃了苦头。到了 3 月,召开省党代会,陶铸在会上说,"反瞒产"时,他批评了反映实际情况的薛焰等几位同志。事实证明薛焰等同志是对的。他向他们赔礼道歉。代表们都明白,这是陶铸把"反瞒产"中错误的责任,独自承担了起来。

  陶铸就是这样从不文过饰非,一旦发现错误,便诚心诚意向人民检讨,把自己的错误与教训同大家坦诚交流。君子之过,"如日月之蚀,民皆见之;及其更也,民皆仰之"。陶铸正是如此。

第五章 陶铸民本观的理论 价值及局限

陶铸民本观是对传统民本思想的扬弃,对于全面从严治党、实现中华民族伟大复兴的中国梦具有一定的理论和实践价值。在长期的革命和建设生涯中,陶铸重民、亲民、养民之心变得越来越强烈,正是对农民的爱促使他在艰苦卓绝的革命斗争中披荆斩棘,一往无前,与敌人展开激烈的斗争,从而取得了革命的胜利。这是对人民群众最大的爱,最大的关怀,他的民本观亦更加强烈。在社会主义建设时期,大部分时间主政中南局,他以惊人的精力投入到全心全意为人民服务中去,陶铸始终关心群众、服务群众,始终以人民群众的利益为重,在长期的社会主义革命和建设过程中形成了独特的群众观,有深厚的民本情怀。但是,由于陶铸民本观在形成和发展过程中受到来自客观和主观条件的限制,也存在一定的失误。

第一节 陶铸民本观的理论价值

一、丰富了马克思主义经典作家以人为本思想的内涵

马克思主义理论是科学的世界观和方法论,是无产阶级取得革命胜利的

行动指南,不是僵化的教条主义,马克思主义经典作家对民生的关切深刻反映了以人为本的精神,在运用马克思主义理论时必须结合实际情况开拓创新。陶铸坚持将马克思主义理论与中国国情相结合、与时代实际相结合,丰富了马克思主义经典作家以人为本的内涵。

认清中国的国情,并将马克思主义理论与中国的革命和建设的具体实践相结合,是解决中国民本问题的关键。陶铸运用马克思主义基本原理分析中国的基本国情,1951年7月,他在《加强对马列主义、毛泽东思想的学习》一文中指出:"30年党的战斗历史再次证明了:凡是真正能从中国的具体实际出发,正确地运用了马克思列宁主义,便能取得胜利。否则,就告失败"。陶铸这个论断,为认清中国近现代社会民本问题提供了最基本的视角。

陶铸指出:"回顾我党30年战胜敌人取得革命胜利的历史,主要的经验就是我们中国共产党很好地将马克思列宁主义的普遍真理与中国的革命实践相结合,锻造出一整套在半殖民地半封建社会的国度里,无产阶级战胜强大敌人取得革命胜利的理论"。① 中国共产党坚持马克思主义的指导地位,结合中国革命和建设的具体实际,对马克思主义有所创造、有所发展,在中国革命的具体实践中把马克思主义理论推向前进。中国共产党领导中国人民继续奋斗的历史,是马克思主义理论与中国革命和建设实际日益结合,从而不断推进马克思主义中国化的历史。

陶铸指出:"要使今后在各种工作中能很好地贯彻执行党的政策,首先是加强省委的领导,省委一级领导骨干应很好学习马克思列宁主义,把它运用到各种具体工作的指导上去。在全体党员中,也应当进行对马克思列宁主义认真学习的时候了。"首先,把党的理论建设着眼于全党的理论学习,着眼于全体党员理论意识和理论兴趣的增强。陶铸强调了广西党的建设是比较弱的,马克思列宁主义水平不高,从基层开始要加强对马克思列宁主义

---

① 本书编辑委员会编:《陶铸文集》,人民出版社1987年版,第55页。

的学习,以便更好地巩固我们党的胜利与迎接新的建设。其次,在广大党员进行马克思列宁主义理论学习的基础上,培养和造就一支宏大的马克思主义的理论队伍。这既关系到马克思主义理论大众化的普及与提高,又关系到马克思主义理论的突破性进展。再次,强调各级干部特别是高级干部要懂理论。有的党的省级干部历史较老而实际政治理论水平并不高,这就使得我们执行党的政策非常不易,学习马克思主义做到有一个很好的开始,高级干部要带头。

陶铸在《宣传工作很重要》中指出:"学校对学生系统地进行马克思主义教育是很不够的,今天的学生许多就是明天的干部,如果他们受了马列主义的思想教育,加上一定的技术,对我们的建设工作将会起非常重要的作用。因此,党必须领导好学校教育工作"。处于新时代的大学生,肩负着实现"两个一百年"的奋斗目标,实现中华民族的伟大复兴的历史使命,前途远大,任重道远,祖国的未来就靠他们了。为了实现中华民族伟大复兴的中国梦,必须大力弘扬我国青年的光荣传统。有志气有抱负的青年人,一定要努力攀登科学高峰,不负先辈期望,常怀进取之心,充分施展自己的智慧和才华,为建设社会主义现代化的伟大事业贡献自己的力量。为了担此重任,青年人必须要以马克思列宁主义武装头脑,树立正确的学理论的方法,深刻领会马克思列宁主义的精神实质。

陶铸运用马克思主义理论分析和探讨了中国革命胜利后,我党应如何继承和发展马克思主义理论,并与中国革命和实践相结合。不仅丰富了陶铸的民本观,而且丰富了马克思主义经典作家民本理论的内涵。

二、为构建服务型政党提供一定的理论资源

社会主义国家兴衰成败的历史一再证明,一个马克思主义政党是否始终坚持群众观点,一切依靠群众,一切关心群众,一切为群众利益着想实际上关系党和国家生死存亡的重大问题。得民心者得天下,失民心者失天下,这是为

历史反复证明了的。大革命失败后,中国共产党领导的工农革命军之所以越来越壮大,最后取得了革命的胜利的关键是开创了以农村包围城市,建立农村革命根据地,开展土地革命,发动武装斗争,最后推翻了国民党的反动统治。其实,我党实行的就是重民、亲民、恤民的民本思想。历史上,从奴隶社会、封建社会、资本主义社会到社会主义社会,什么时候以民为本,重视民生,什么时候就能使社会稳定,生产发展,人民安定;什么时候脱离群众,压榨群众,人民群众生存不下去,就离心离德,群众起来反抗,统治不能持续下去了,这是脱离人民群众的危险。因此,充分挖掘陶铸民本观的理论价值,可以为构建服务型政党提供借鉴意义。

陶铸民本观最突出的一点是他的施政理念和施政方式的一致性,都是为人民群众服务。无论在抗日战争、解放战争、剿匪斗争中,还是社会主义改造推进土改运动中,以及主政中南局和广东省的工作中,他心中始终装着人民群众,为了人民群众的解放事业,他日夜不停地奔波,从延安到沈阳,又从东北南下,开展卓有成效的工作,这需要耗费巨大的体力和精力。这种干劲背后的动力到底是什么? 这就是陶铸的民本观,有了一切为民的施政理念,他的施政方式必定是特别的,任何困难和挫折都无法阻挡的。这种动力还与陶铸的个性品格有密切关系。他有钢铁般的意志,他下定决心要干的事十头黄牛也拉不回来;他工作起来像一台推土机;对待工作像一盆火;等等。这些品格就注定了陶铸的民本观是坚定而深厚的,他的施政理念是一心为民的,他的施政方式是富有成效的。哪里有困难,哪里的问题最多就把陶铸派到哪里,并且工作能按时按质按量完成,他的施政能力也很强。

陶铸民本观中爱民、养民、恤民的思想与中国共产党为人民群众服务的宗旨意识是一致的,他为了人民的利益,每天工作到深夜,为的是谋划第二天的工作,这使得工作在陶铸身边的干部对他非常敬佩,所以,干部想陶铸,怕陶铸,盼陶铸,陶铸在人们心目中是一座丰碑。弘扬陶铸的松风精神,有助于强化党员干部为人民服务的宗旨意识。

三、为推进党的作风建设提供借鉴

党的作风建设是衡量党的先进性的重要指标之一。陶铸常说:共产党的干部与封建社会的官老爷是不同的,不搞一人得道鸡犬升天的事情。他回家探亲时,家乡人民给他挂了一幅牌匾,他却要求把牌匾卸下来砸了,这是陶铸砸金匾的故事;他的办公室又小又未维修过,后来花了15000元给维修了,他却将维修费退回了单位,坚持自己掏钱维修;等等。陶铸廉洁自律的精神真是深入人心,人人有口皆碑。人们不禁要问:陶铸是人不是神,他是食人间烟火的,也有亲朋好友,但都没沾上光,难道他是六亲不认吗? 答案是否定的。陶铸是人,当然有情,可他在其位却心忧天下,他心中想的是大爱。新中国刚成立,百废待兴,老百姓饭还吃不饱,干部怎么可以吃肉呢? 于是他规定一年不吃肉。他不是只想着自己的小事,而是想着全国的大事。因此,陶铸在作风建设上是做得较好的,堪称楷模。

现在,我们已经完成了第一个百年奋斗目标,正在向第二个百年奋斗目标奋进,由于生活条件好了,社会上各种诱惑给党的作风建设带来了很多困难。一些意志薄弱、理想信念不坚定的党员干部容易被糖衣炮弹打中,堕入腐败的泥潭里而不能自拔。我们要发扬陶铸民本观的松风精神,永葆高洁的品格,"出淤泥而不染,濯清涟而不妖",只要自己的理想信念坚定而不动摇,任何外来的诱惑都能拒之门外。如何评价领导干部的作风建设? 我们既要听思想汇报又要下乡调查研究,听听群众的意见,了解人民的呼声,而不是只看书面材料,因为材料是可以加工出来的,而实际工作成效是在老百姓心里,这是实实在在的,是任何加工都无能为力的。只有这样,党的作风建设才能搞好,我们的党才能赢得全体人民的终身拥护。

四、有助于坚定"人民至上"的价值立场

党同人民群众的关系问题是关系到中国共产党能否长期执政的根基,所

以,我们党的一切方针政策都是为了改善人民群众的生产生活,把人民群众满意不满意、高兴不高兴作为衡量我党政策的标准。在当前,全面从严治党也是解决人民群众最痛心的腐败问题,从而使党风、政风和民风有了很大好转,这是人民群众从心底里拥护党的政策的重要因素。马克思主义一贯坚持人民群众是历史的创造者这一唯物主义历史观,我们党的根本宗旨是全心全意为人民服务,这是一切政治的基础。各级党的组织、每一名党员干部,都要在党言党、在党忧党、在党为党、在党护党,切实增强"从严"的紧迫感和责任感。①

陶铸一贯坚持"群众至上"的立场,他与人民群众心连心,下乡与人民群众实行"三同"。为了解决人民群众的生产和生活的困难,他每天都工作到深夜,积劳成疾仍不放弃,学习陶铸民本观,有助于我们坚持"群众至上"的价值立场,坚定践行群众路线的行动自觉和思想自觉。

陶铸的工作特点之一就是不喜欢坐在办公室听取汇报,也不喜欢只看一大堆的书面材料,他最喜欢下乡搞调查研究,带领其他的干部边看现场边解答人民群众身边的问题。这样一来,群众的问题也提出来了,哪些领导来解决问题也具体了,解决问题之后,群众也满意了。陶铸这种深入实际,深入群众解决群众最关心的问题的工作方法是最切合实际的群众工作方法,也是最有成效的。"经常联系群众,面向基层,到群众中去蹲点,参加定期劳动,轮换工作和学习,生活水平向群众看齐,防止各种特殊化,使他们既当官又当民。"②事实也证明,只有深入群众中,才能了解群众的疾苦和群众的冷暖,也才能具体问题具体分析,解决群众的实际问题。

五、有助于保持"群众利益无小事"的工作态度

陶铸工作起来像一台推土机,哪里的工作任务最重,哪里的工作局面打不开,就派他去开展工作。如赴东北建立辽吉根据地,化装同傅作义和平谈判,

---

① 《全面从严治党》,党建读物出版社 2016 年版,第 10 页。
② 逄先知、李君如:《群众路线大家谈》,华文出版社 2013 年版,第 2 页。

赴广西剿匪,到广东加快土改进程,等等,这一切源于他心中装着人民,"群众利益无小事"。要解决人民群众的切身利益,他没日没夜地工作,以只争朝夕的精神战斗在第一线,似乎人民群众的一切问题都要通过他的不断勤奋的工作而得到圆满解决。他的工作成效显著,党中央充分肯定他的成绩,他也很快得到提拔任用。人民对他的工作啧啧称赞,党心民心,有了信任就最亲。党与人民群众的鱼水关系是干出来的,而不是夸出来的。党把人民群众当亲人,人民群众就把党当恩人。只要共产党的领导干部心中装着人民,做决策、办事情就会一切从实际出发,解决人民群众最关心的问题,坚持群众利益无小事,人民群众就会敬仰和尊重党的领导干部,进而拥护党的政策。当前,加强党的作风建设,就是要加强党同人民群众的血肉联系,坚持"群众利益无小事"。党的作风建设主要包括思想作风、学风、工作作风、领导作风、生活作风等五个方面内容,即要学习党的大政方针,深刻领会党的政策,关键的一点是要落实到行动上去,要"做",要维护老百姓最关心、最直接的切身利益,要解决人民群众的热点、难点和焦点问题,要做老百姓的贴心人、引路人、致富人,不断增强党的执政能力,巩固党执政的根基。

六、为新时代党把"三农"抓在手上提供有价值的借鉴

陶铸民本观为新时代强化农村基层党组织建设、筑牢发展之基提供借鉴。在新时代,要更加重视农村基层党组织建设,不断增强其政治功能和服务功能,使其在发展中抓服务,在服务中推动发展。农村基层党组织要充分发挥其政治引领功能和教育管理功能,动员广大党员深刻领悟"两个确立"的决定性意义,增强"四个意识",坚定"四个自信",做到"两个维护",确保农村基层党组织具有较强的组织协调能力,把广大人民群众的心凝聚到"三农"的发展轨道上来。要在小处细处上用心,在难点痛点上着手,在创新创造上下功夫,通过全方位、多层面的服务,将农民群众的心凝聚起来,充分发挥农村基层党组织的战斗堡垒作用,大力激发农业农村的发展活力,使"三农"得到又好又快发展。

　　陶铸民本观为进一步推进供给侧结构性改革、把准改革之要提供借鉴。要加强和深化"三农"领域的改革,要主抓农业供给侧结构性改革,确保农产品质量,要强化顶层设计,明确改革的底线和边框,确保改革的方向、目标和路径更加清晰,坚守"粮食生产能力不降低、农民增收势头不逆转、农村稳定不出问题"三条底线,使改革朝着正确的方向前行。从整体上看,农业经济结构性改革必须从生产端、供给侧发力,去库存、补短板、降成本;从具体情况分析,农业农村面对不同的情况,既有共同的困难,也有因区域和发展差异面对的不同的问题,要分步推进。推进农业供给侧结构性改革,要坚持以人民群众的利益为中心,切实把握好改革的节奏和力度,充分考虑群众的承受能力,稳步推进。

　　陶铸民本观具有调查研究、倾注"三农"发展的特色。坚持"发展成果由人民共享"的理念,必须坚持"以人民为中心"的发展思想来推动改革,从而进一步推动社会的和谐与稳定。要把城乡发展一体化作为解决"三农"问题的途径,促进群众增收为目标,增进人民群众有干事创业的信心和勇气,促进城乡共同繁荣发展。要加大强农惠农政策力度,优先考虑配备"三农"干部、优先满足"三农"要素配置、优先保障"三农"资金投入、优先安排农村公共服务,形成以工促农、以城带乡、城乡一体的新型城乡关系,让广大农民平等参与现代化进程,共享现代化发展成果,努力提升人民群众的幸福感和满意度。

　　陶铸民本观的一个重要方面就是关心农业、农村和农民,他主政华南分局时,曾任广东省委书记,在第一个五年计划期间,全国各省主要以工业建设为主,但他经过实地调查研究,从实际情况出发,毅然做出了广东以发展农业为主的决策。这与当时全国的主要发展势头是不同的,做出这样的决定,需要巨大的勇气和魄力。实践证明,他做出的这一决策是正确的,广东省的农业取得了巨大的成绩,粮食除自我供给以外,还给国家上调商品粮十亿多斤。

　　陶铸抓农业生产,主要靠实事求是,下乡搞调查研究,走村入户,和社员谈心,了解实际情况,再经过汇总,做出切合实际的决策,深得农民的拥护。1956

年8月,他下乡检查工作,见到农民正在搞水利化,扩大经济作物种植,陶铸就鼓励他们,要多种经营,搞好坡地水利化,扩大耕地面积,从而增产增收。

有的荒山和旱地,农民辛苦耕地,可收入微薄。为了改变这种局面,陶铸通过实地调研,采取积极措施,决心改造这种旱地,于是,发动群众植树造林,防风固沙,同时新修水利,改变了以往的那种局面,将旱地变成了宝地,农民收入增加。

广东省是种水稻大省,禾苗长得又高又壮,但当水稻成熟时,台风一来就倒伏,造成减产。陶铸到处想办法,觅良方。1958年,在潮汕一带,他发现有两个农民研究一种"矮脚南特"水稻,台风来了也不倒伏。于是,陶铸组织农业科技人员积极研究这种水稻的特色,并在此基础上研究出新的叫"珍珠矮"的产品,还推广到外地。

陶铸为了"三农"的发展,倾注了全部心血,使广东的农业得到了长足发展。他坚持调查研究,及时了解农民的所需和所盼,做出的决策也很有针对性,颇受农民的喜爱。只要农民得实惠,陶铸夜以继日地工作,也颇感欣慰。

在新时代,以习近平同志为核心的党中央高度重视"三农"工作,提出要将中国人的饭碗牢牢端在自己手上,将"三农"工作抓紧抓实。习近平总书记指出:"一定要看到,农业还是'四化同步'的短腿,农村还是全面建成小康社会的短板。中国要强,农业必须强;中国要美,农村必须美;中国要富,农民必须富。"[1]要加强四个现代化建设,"三农"是短板,必须要把"三农"工作抓好。要加强对农业的投入,确保中国人的饭碗牢牢端在自己手上,中国人的饭碗主要装中国粮。要坚持以我为主,立足国内,确保我国粮食生产安全。采取一切措施保证耕地不受损失,坚守耕地红线,走出一条现代化的农业发展道路。

农村土地、农民集体所有制必须坚持,要加强农村土地承包责任制,不管土地承包权怎样流转,农民都拥有集体土地承包权。要采取多种方式放活土

---

① 《习近平总书记系列重要讲话读本》,人民出版社2016年版,第157页。

地承包权,要走出一条立体式复合型农业发展之路。要加强农村基层党组织建设,夯实党的执政基础,加强乡村治理,要关注"三留守"问题,要落实好党的乡村振兴战略,加快新农村建设步伐。

农民是乡村振兴的关键因素,只有提高了农民的素质,激发农民的生产积极性,"三农"才有希望。要广泛开展农民增收致富的门路,让农民富裕起来;要提高农民的综合素质,培养一批新型农民,推进新农村建设;要加强政府对农业的扶持,增加农民收入,使农民成为一种光荣的职业。

第二节　陶铸民本观的局限

毋庸讳言,由于新生事物前进道路的曲折性,加上陶铸对民本问题开展的探索偏重于理论思考,在实践中会出现一些问题。他作为主政中南局的主要领导,在思想上、政治上、组织上和行动上必须与党中央的决策部署保持一致,他只能遵照执行中央的决策部署,只有执行得快和慢的区分,没有不执行的可能。陶铸民本观因受主客观条件的限制,不可避免地出现了一些历史局限性。它是历史条件下的产物,也会留下历史的痕迹,在当时国际国内形势下,在实践过程中也产生过一些负面影响,主要表现在如下几个方面。

一、广东土改"整队",华侨利益受损

朝鲜战争爆发后,毛泽东要求华南分局加快土改步伐,随即调陶铸去广东主持土改工作。1952 年,陶铸贯彻中央的方针,放手发动群众,将土改作为中心工作,在"整队"中,一些地方干部,如方方、古大存等受到错误批判和处分。在土改推进中,还破坏了部分华侨地主的房屋,对工商业者和开明绅士的利益也有所侵犯,还挫伤了一些干部的积极性。这些错误在后来的复查中已部分得到纠正,但还有一些遗留问题。当然,这是陶铸在土改工作中必然遇到的问题,只能结合当时的时代条件和社会发展实际去寻找原因,但它丝毫不影响陶

铸清新明亮的民本基调。更何况,这些不足在后来的《发扬党内民主与被处分错了的干部实行平反》的报告中,得到很大程度的克服和纠正。

二、农业合作化运动过快,经济受影响

在特定时期,陶铸关于农业合作化运动的解决方案不可避免地带有理想主义的痕迹,甚至不可避免地带有教条式理解的成分。1958年农业合作化运动过快,又开展人民公社化运动。当时"左"的思想比较严重,华南分局在陶铸的主持下,农业合作化运动提前6年完成了,随之又一哄而起,建立人民公社。陶铸把农业合作化看成是劳动互助组织的必然趋势,没有看到这个政策并不适应当时生产力发展水平,且导致农民生活水平下降。由于合作化运动和人民公社运动开展过急,速度过快,工作粗暴,方法单一,没有按经济规律办事,客观上给农村的经济发展造成一定的影响。陶铸对农业合作化实施的深度、广度及时间的长度缺乏深入的探讨,这个政策实施的时间很短,导致其发展经济与改善人民生活的积极作用未能充分发挥。但是,人们不能苛求这位探索者。毕竟在陶铸看来,农业合作化属于政策层面,而实现"人人都能生存"才是解决问题的目的。

三、浮夸风、"反瞒产",群众利益受损

由于对第一个五年计划所取得成就的盲目乐观,片面夸大人民群众的主观能动作用,使违反客观经济规律的"左"的思想迅速膨胀起来,很快延伸到经济领域,于是出现了1958年浮夸风、"放卫星"、大炼钢铁运动。在高指标浮夸风的影响下,广东的粮食总产量要求从300亿公斤到500亿公斤,真是不可置信。在广东连县还放出了亩产30218公斤的"特大卫星"。这与实际情况严重脱节,造成1958年末粮食严重供应不足的情况。1958年,陶铸在"大气候"的影响下,掀起了"全民大炼钢铁"的高潮,超额完成了计划,但实际合格的产量是很少的,然而乱砍滥伐、破坏森林资源的现象是很严重的。

接着,出现了1959年春"反瞒产"运动。当年广东开展了超出农民实际产量的高征购,"左"的思想愈演愈烈。"反瞒产"运动助长了浮夸风,严重打击了农民的生产积极性,使国民经济陷入了极大的危机中。

陶铸在工作中的失误也说明了陶铸民本观有一个历史发展过程,在实践中有成功的经验,也有失败的教训,只有总结经验,吸取教训,才能完善一种理论。陶铸毕竟是实干家,当他发现浮夸风、"放卫星""反瞒产"的错误时,心感内疚。在"左"的思想的影响下,作为华南分局的主要领导人的陶铸,在思想上不"左"是不可能的,思想上赶不上全国的"大气候"就会挨批评,在思想上只有"左"得轻一点和严重一点之分。发现问题之后,是否立即将问题改正也是一个衡量标准。尽管陶铸及时发现问题并立即向党中央反映真实情况,但他在工作中的失误仍然是陶铸民本观在实践中的一个痕迹,这是历史的产物,是不容忽视的,也是客观评价陶铸民本观的一个重要方面。

以上对陶铸民本观不足之处的分析并不是对陶铸在民本理论探索的苛求,而是为了从另一个角度考察党的历史上民本理论与实践的契合度,以进一步反思民本政策上成功与不足,从而为正确实施中国特色社会主义民本理论提供借鉴。因为,在新时代,要坚持"以人民为中心"的发展思想,中国共产党制定的各项政策,"都是新的实践中所发现的诸现象之间的新的关联形式"。①没有科学的民本理论,就没有正确的民本建设实践。民本理论的与时俱进,是不断发展的民本实践的必然要求,也是中国共产党坚持"以人民为中心"的发展思想的必然要求,更是制定正确的惠民政策和取得重大成就的关键。

---

① 《毛泽东哲学批注集》,中央文献出版社1988年版,第438页。

结　　语

　　中国古代的民本思想是一种极其复杂的政治现象、思想现象和文化现象。中国古代的统治思想包含着丰富的政治理性和政治智慧。作为中国古代统治思想的民本思想既可划归专制主义范畴，又包含着许多的政治价值。其中最重要的是人本主义的政治精神，国家政权为人民大众而设的政治本体论，人民大众是国家根本的政治哲学，政治权利归根结底来自人民大众的权力观念；一切政治活动的根本目的是为了人民大众的治国理念。在一定时期，依据民本思想制定的治民方略还会收到积极的政治实效。"成康之治""文景之治""光武之治""贞观之治""永乐之治""康乾之治"等都是大体符合民本思想的制度设计和政策原则的盛世景象。

　　随着时代的变迁，民本思想不断发展，在不同历史阶段呈现出不同的特点，体现出民本思想的时代性。历史进入近代和现代，重民思想是近代以降中国仁人志士的毕生追求。由于自身的阶级局限性，或理论指向的方向性偏差，他们中的许多人都没有实现自己的理想。但是，民本思想中重视人民的利益等政治价值是不变的，五四新文化运动的参与者在积极宣传西方民主思想的同时，也努力在中国传统文化中寻找民主的根基。中国共产党很多理论家和实践工作者继承了五四运动的精神，积极进行民主理论和民主制度的建设，逐步建立了中国特色的民主制度。中国共产党的民主思想和民主实践一方面受中国传统民本思想的影响，另一方面受到马克思主义理论的影响。毛泽东提出党的干部要"为人民服务"、广大的领导干部是"人民公仆"的思想，都可以看出既有对马克思主义理论的创新发展，也是对中华优秀传统文化的创新性转化、创造性发展。

中国共产党人以马克思主义为行动指南，把民族独立、人民解放、国家富强和人民幸福作为责任担当，把人民对美好生活的向往作为奋斗目标。中国共产党是全心全意为人民服务的无产阶级政党，始终坚持以人民为中心的发展思想。于是，凡是符合人民利益的思想和行动，与共产党的性质和宗旨就是一致的；凡是违背人民利益的思想和行动，与共产党的性质和宗旨就是不相容的。党在新民主主义革命时期，逐渐认清基本国情，积极领导工农运动，带领人民打土豪分田地，保障人民经济政治权益；开展减租减息和大生产运动，大大减轻人民负担，努力改善人民生活；在解放区推行土地改革，建立人民政权。新中国成立后，党致力于恢复和发展经济，逐步建立起社会主义基本制度，消灭了剥削；带领人民大兴农田水利建设。改革开放以来，党坚持以经济建设为中心，为民生奠定了物质基础；逐步建立起社会主义市场经济体制，促进了人民生活的改善。可以说，中国共产党的历史，归根到底是一部竭力维护人民利益、解决民生问题、改善人民生活、坚持民本观的历史。

陶铸作为中国共产党的优秀党员、杰出的无产阶级革命家，亲历了社会大变革下人民地位的提高，他为之奋斗的足迹成为一代又一代共产党人致力于保障和改善民生的一个缩影。

陶铸站在人民的立场，充分发挥人民的主体性作用，真实反应特定历史时期人民的生活状况、利益要求和内心愿望，形成了独特的民本观。他身体力行，勇于开拓，在工作和生活中为保障和改善人民生活尽心尽力，在实践上和理论上对于人民利益的关切是中国共产党人致力于民生建设的历史潮流中的一朵浪花。

他始终坚持以人民利益为重，继承和发展了民本思想中富民、养民的思想,在工作中坚持发展生产、提高人民生活水平,使人民安居乐业、社会秩序稳定、经济得到发展,表现了强烈的民本情怀。他始终坚持群众观点和群众路线,树立人民群众创造历史的观点,尊重群众的志愿,服从人民群众的需求,把人民群众的满意度作为制定路线、方针、政策的依据;同时始终坚持以经济建设为中心,使人民群众物质和文化生活的需要不断得到满足;充分尊重人民群众的创新精神,发挥他们的积极性、主动性和创造性,推动社会经济的发展,从而践行了党的初心使命,这就坚持了正确的民本观。

陶铸民本观融入中国共产党以人民利益为重的理论和实践,视人民为历史的主体,视人民的意愿为解释历史的基础,视人民的利益为评价历史的根本标准,是中国共产党在领导中国人民进行革命和建设的过程中所创立的人民利益为重的理论不可分割的一部分。陶铸民本观根植于中国的国情实际和社会实际,具有民族性和时代性;坚决维护人民利益,真诚呼应人民诉求,具有人民性;重视科学技术在社会主义民生建设中无可替代的作用,具有科学性;立足于马克思主义立场、观点和方法,富有创造性。

毛泽东曾指出:"任何国家的共产党,任何国家的思想界,都要创造新的理论,写出新的著作,产生自己的理论家,来为当前的政治服务。"①当前,中国特色社会主义社会建设实践的发展需要进一步挖掘陶铸民本观的当代价值,需要不断的理论创新。只有在实践中不断丰富和发展中国共产党以人民为中心的发展思想,才能为全面建设社会主义现代化国家提供坚强支撑。

---

① 《毛泽东文集》第八卷,人民出版社1999年版,第109页。

主要参考文献

一、典籍类

司马迁:《史记》,中华书局 1959 年版。

班固:《汉书》,中华书局 1962 年版。

魏征:《隋书》,中华书局 1973 年版。

司马光:《资治通鉴》,中华书局 1965 年版。

左丘明:《国语》(译注本),上海古籍出版社 1994 年版。

《论语》(诸子集成本),上海书店 1936 年版。

《孟子》(诸子集成本),上海书店 1936 年版。

《吕氏春秋》(诸子集成本),上海书店 1936 年版。

贾谊:《新书》(校注本),中华书局 2000 年版。

苏舆撰,钟哲点校:《春秋繁露义证》,中华书局 1992 年版。

刘向:《战国策》(注释本),中华书局 1990 年版。

黄宗羲:《黄宗羲全集·明夷待访录》,浙江古籍出版社 1985 年版。

孙中山:《孙中山选集》,人民出版社 1981 年版。

二、著作类

《马克思恩格斯文集》(1—10 卷),人民出版社 2009 年版。

《马克思恩格斯选集》(1—4 卷),人民出版社 2012 年版。

《列宁选集》(1—4 卷),人民出版社 2012 年版。

《毛泽东选集》第一、二、三、四卷,人民出版社 1991 年版。

《毛泽东、周恩来、刘少奇、朱德、邓小平、陈云论党的群众工作》,人民出版社 1990 年版。

《邓小平文选》第一、二、三卷,人民出版社 1994、1994、1993 年版。

《江泽民文选》第一、二、三卷,人民出版社 2006 年版。

《十七大报告辅导读本》,人民出版社 2007 年版。

《胡锦涛文选》第一、二、三卷,人民出版社 2016 年版。

《习近平谈治国理政》第一、二、三、四卷,外文出版社 2018、2017、2020、2022 年版。

《习近平总书记系列重要讲话读本》,人民出版社 2016 年版。

《党的十九大报告辅导读本》,人民出版社 2017 年版。

人民日报评论部:《习近平讲故事》,人民出版社 2017 年版。

中央党校采访实录编辑室:《习近平的七年知青岁月》,中共中央党校出版社 2017 年版。

《习近平关于党风廉政建设和反腐败斗争论述》,中央文献出版社、中国方正出版社 2015 年版。

《习近平关于全面依法治国论述》,中央文献出版社 2015 年版。

《以习近平同志为核心的党中央治国理政新理念新思想新战略》,人民出版社 2017 年版。

《中国走社会主义道路为什么成功?》,广西人民出版社 2014 年版。

《"两学一做"专题教育学习读本》,国家行政学院出版社 2016 年版。

《全面从严治党》,党建读物出版社 2016 年版。

《知之深　爱之切》,河北人民出版社 2015 年版。

《"四个全面"学习读本》,人民出版社 2015 年版。

彭大成:《湖湘文化与毛泽东》,湖南出版社 1991 年版。

胡绳:《中国共产党的七十年》,中共党史出版社 1991 年版。

中共中央党史研究室编辑组:《中国共产党的九十年》,中共党史出版社、党建读物出版社 2016 年版。

韩锴:《中国民本思想》,红旗出版社 2006 年版。

张分田:《民本思想与中国古代统治思想》(上、下),南开大学出版社 2009 年版。

金耀基:《中国民本思想史》,法律出版社 2008 年版。

王保国:《两周民本思想研究》,学苑出版社 2004 年版。

吴光:《从民本走向民主——黄宗羲民本思想国际学术研讨会论文集》,浙江古籍出版社 2008 年版。

卢向国:《温情政治的乌托邦——中国古代民本思想的机理研究》,天津人民出版社 2008 年版。

诸凤娟:《民本思想的发展逻辑及其当代价值》,浙江大学出版社 2012 年版。

常乃惪:《中国思想小史》,上海古籍出版社 2014 年版。

郑笑枫、舒玲:《陶铸传》,中国青年出版社 1992 年版。

金亭、丁国成:《陶铸诗词选注》,广东人民出版社 1980 年版。

权延赤:《陶铸在"文化大革命"中》,中共中央党校出版社 1991 年版。

本书编辑委员会编:《陶铸文集》,人民出版社 1987 年版。

《陶铸文集》编辑组:《笔祭陶铸》,人民出版社 1990 年版。

曾志:《百战归来认此身》,人民文学出版社 2011 年版。

《陶氏族谱》(1—14 卷),湖南祁阳陶氏五柳堂,1998 年刊本。

陶斯亮:《一封终于发出的信》,当代中国出版社 2013 年版。

王振乾:《回忆陶铸》,内部资料,2008 年印行。

辽宁省委党史资料征集办公室编:《陶铸在辽吉》,辽宁人民出版社 1988 年版。

黄承先编著:《陶铸的故事》,湖南人民出版社 2013 年版。

陈环玉等编:《纪念陶铸百年诞辰诗词集》,内部资料,2007 年印行。

中共党史人物研究会编:《中共党史人物传》(第四十三卷),山西人民出版社 1990 年版。

陶铸:《克服官僚主义,密切联系群众》,华南人民出版社 1953 年版。

陶铸编写,丁浩绘图:《恩格斯故事》,通俗文化出版社 1950 年版。

陶铸著:《关于目前广东的情况与工作任务:做好今冬明春的农村工作》,粤西区土地改革委员会,1952 年版。

陶铸著:《广东省农业生产的任务与领导方针问题》,华南人民出版社 1954 年版。

陶铸著:《陶铸同志对广东省广州市下乡进行"三定",办社工作干部的讲话》,中共中央华南分局 1955 年版。

南开大学语文教育研究中心编:《松树的风格》,《经典悦读·天下篇》,中山大学出版社 2018 年版。

陶铸著:《理想·情操·精神生活》,中国青年出版社 1962 年版。

陶铸著:《思想·感情·文采》,广东人民出版社 1964 年版。

中共祁阳县委编:《怀念陶铸同志》,湖南人民出版社 1979 年版。

中共广东省委宣传部、中共广东省委党史研究室编:《高山青松——陶铸诞辰 100 周年纪念文集》,广东人民出版社 2008 年版。

权延赤:《陶铸和他的亲人——女儿眼中的父亲》,北京出版社 1992 年版。

曾志:《一个革命的幸存者——曾志回忆实录》,广东人民出版社 2000 年版。

尹兴家、陈东华:《策马洪山——陶铸在鄂中抗日的故事》,湖北人民出版社 1981 年版。

权延赤:《中国最大的保皇派陶铸沉浮录》,内蒙古人民出版社 2004 年版。

师东兵:《中国第一冤案——刘少奇、邓小平、陶铸被打倒之谜》,河南人民出版社 1993 年版。

王鹤鸣:《中国家谱通论》,上海古籍出版社 2009 年版。

[日]沟口雄三:《中国前近代思想的演变》,索介然、龚颖译,上海人民出版社 1997 年版。

[美]顾立雅:《孔子与中国之道》,高专诚译,山西人民出版社 1992 年版。

[古希腊]亚里士多德:《政治学》,吴寿彭译,商务印书馆 1965 年版。

三、文章类

华南分局宣传部:《陶铸同志在省协商委员会第五次扩大会议上"关于目前形势与任务的报告"》,广东省档案馆,1953 年 4 月 10 日。

华南分局宣传部:《陶铸同志在广州市委三大系统党员干部大会上传达"中央关于增产节约问题的指示"》,广东省档案馆,1953 年 9 月 25 日。

华南分局宣传部:《陶铸同志在华南第一次党代会上的总结报告》,广东省档案馆,1953 年 10 月 24 日。

华南分局宣传部:《陶铸同志在增产节约汇报会议上的总结报告》,广东省档案馆,1954 年 1 月 16 日。

华南分局宣传部:《关于县市无线收音站及有线广播站的编制和经费问题的请示及陶铸的批示》,广东省档案馆,1954 年 12 月 24 日。

文教部:《转发陶铸在省教育检查团汕头分团会议上的指示》,广东省档案馆,1960 年 5 月 11 日。

广东省委宣传部:《陶铸同志关于组织报刊下乡的指示》,广东省档案馆,1963 年 11 月 7 日。

陶铸:《接见湖南农村电影宣传巡回表演队的讲话记录》,广东省档案馆,1965 年 3 月 29 日。

中南局宣传部:《陶铸指示第四季度举办农村免费放映电影试点的意见》,广东省档案馆,1966 年 6 月 2 日。

李景昌:《陶铸同志在曲江》,《广东党史》1996 年第 2 期。

陶连福:《陶铸在灵川》,《文史春秋》1998 年第 3 期。

陶波:《陶铸的礼物》,《湖南党史》1995 年第 1 期。

王亚春:《陶铸关于宣传工作的论述撷谈》,《北京党史》1997 年第 6 期。

肖丽:《最是劲松绝壁立——陶铸小传》,《党史纵横》1999 年第 11 期。

杨志刚:《从陶铸怒砸金匾说开去》,《中国监察》1999 年第 11 期。

宋凤英:《知识分子的知音陶铸》,《党政论坛(干部文摘)》2008 年第 6 期。

江风:《陶铸的女儿陶斯亮曰:我父亲在广东有七分功三分过》,《红广角》2010 年第 7 期。

吴波:《陶铸的最后岁月》,《天津政协》2013 年第 10 期。

张天来:《在岭南大地踏访陶铸和农民的真情故事》,《中华儿女》2008 年第 7 期。

仝保勇:《略论陶铸的农业发展思想》,《世纪桥》2007 年第 1 期。

冯宝君:《陶铸廉政思想述评》,《福建党史月刊》2009 年第 24 期。

郑洞天、本刊记者:《关于电影〈故园秋色〉的访谈》,《北京电影学院学报》1999 年第 2 期。

后　记

本书是国家社科基金项目结题成果。

自2013年国家社科基金项目"陶铸民本思想及其实践效应研究"（课题编号：13BDJ019）立项以来，至今已十余年了。其间，为了搜集研究资料，本课题组成员冒着严寒酷暑北上南下，跋山涉水，几乎踏遍了陶铸生前生活和工作、战斗过的地方，我们去过国家图书馆以及各省档案馆、图书馆，还拜访了陶铸的女儿陶斯亮女士，并向陶铸生前身边的工作人员及秘书请教，我们获得了有关陶铸丰富的研究资料，从而对他的了解也由平面上升到立体化了。有时把我们的研究成果交给陶斯亮大姐看并请她审阅时，她很亲切，也很乐意，还常常给我们提出一些建议。我们感到很幸运，能得到陶大姐的指导和帮助，使课题研究能顺利进行下去。

本课题研究已告一段落，虽然结题了，但是意犹未尽，我们对陶铸的研究才刚刚开始，今后还需继续开展陶铸其他方面的研究，这也许是科学研究的规律。可以就陶铸的群众工作方法、陶铸的思想政治工作方法、陶铸的军事工作方法进行研究，还可以将陶铸与湖湘文化联系起来进行研究，从而将陶铸的研究往深度和广度上拓展下去。

本专著即将付梓的时候，我要感谢全国哲学社会科学工作办公室给予课题立项并给予经费支助，感谢陶斯亮大姐给我们的指导并提供了不少研究资料,感谢湖南科技学院杨金砖教授对课题申报给予耐心的指导,感谢本校国学院傅宏星博士对书稿提出了中肯的修改意见,感谢祁阳市陶铸故居管理处给我们提供了一些有关陶铸研究的资料,感谢广东省委党史办、福建省委党史办、辽宁省委党史办、福州市委党史办、厦门市委党史办、漳州市委党史办、祁阳市委党史办的同志们,先后为我们提供了陶铸在中国革命各个时期的文史资料,感谢国家图书馆、广东省图书馆、广东省档案馆、深圳图书馆以及其他地方的省图书馆、档案馆的工作人员为我们的课题研究提供了许多珍贵的资料,感谢人民出版社的领导和余平编辑为本专著的出版付出了辛勤的劳动,感谢我的夫人邓艳玲为此付出的大量心血,独自承担了所有的家务,给我挤出时间来搞科研,感谢一切为专著的出版提供过帮助的单位和个人。

由于时间关系,书中可能存在错漏之处,敬请各位专家、读者朋友批评指正。

2024 年 2 月 9 日

责任编辑：余　平
封面设计：石笑梦
版式设计：胡欣欣

图书在版编目（CIP）数据

陶铸民本观及其实践效应研究/吴海文 著. —北京：人民出版社，2024.6
ISBN 978－7－01－024498－3

Ⅰ.①陶…　Ⅱ.①吴…　Ⅲ.①陶铸(1908-1969)-民本思想-研究　Ⅳ.①D092.7

中国版本图书馆 CIP 数据核字（2022）第 018491 号

陶铸民本观及其实践效应研究
TAOZHU MINBENGUAN JIQI SHIJIAN XIAOYING YANJIU

吴海文　著

人民出版社 出版发行
（100706　北京市东城区隆福寺街 99 号）

中煤（北京）印务有限公司印刷　新华书店经销

2024 年 6 月第 1 版　2024 年 6 月北京第 1 次印刷
开本：710 毫米×1000 毫米 1/16　印张：11.75
字数：170 千字

ISBN 978－7－01－024498－3　定价：68.00 元

邮购地址 100706　北京市东城区隆福寺街 99 号
人民东方图书销售中心　电话（010）65250042　65289539